포켓북 왕초보 영어문법

포켓북
왕초보 영어문법

2023년 1월 10일 초판 인쇄
2023년 1월 15일 초판 발행

엮은이 이소영
발행인 손건
편집기획 김미경
마케팅 최관호
디자인 김준수
제작 최승룡
인쇄 선경프린테크

발행처 *LanCom* 랭컴
주소 서울시 영등포구 영신로36번길 19
등록번호 제 312-2006-00060호
전화 02) 2636-0895
팩스 02) 2636-0896
이메일 elancom@naver.com

ⓒ 이소영 2023
ISBN 979-11-92199-26-9   13740

포켓북

왕초보
영어
문법

LanCom
Language & Communication

머리말

〈포켓북 왕초보 영어 문법〉은 영어를 중도에서 여러 번 포기한 경험이 있는 분들이나 영어의 기본적인 지식을 빨리 배우려는 분들이 장소에 구애받지 않고 편리하게 학습할 수 있도록 특별 제작된 한손에 쏙 들어오는 포켓 사이즈의 문법책입니다.

영어는 말하는 것 못지 않게 읽고 쓰는 것이 중요하며, 정확하게 읽고 쓰기 위해서는 반드시 문법을 알아야 합니다. 즉 모든 언어에서 문법은 뼈대가 되며, 문법을 알지 못하고 어휘를 암기하고, 독해를 하고, 회화를 한다는 것은 불가능합니다. 이책은 영어를 듣고, 말하고, 읽고, 쓰는 네 가지 능력을 모두 충족시켜 줄 수 있습니다.

가능한 최소한의 내용으로 영문법에 대한 거시적 안목을 가질 수 있도록 하기 위해 필요 없는 내용은 과감히 생략하고 알맹이만을 쏙쏙 뽑아서 누구나 알기 쉽게 설명했습니다. 24가지 영문법을 통해 영어에서 가장 빈번히 쓰이는 기본적인 영문법과 기본문형을 쉽게 배울 수 있습니다. 뿐만 아니라 그것을 이용한 영어회화를 수록해서 실제회화에서 생생하게 활용할 수 있도록 했습니다.

독자 여러분이 바라는 목표에 이르기 위한 한 단계 더 높은 영어의 초석을 다질 수 있도록 다음과 같은 특징으로 구성하였습니다.

어려운 문법을 쉽고 재미있게!

문법이라고 하면 무조건 어렵다고 생각하기 쉽습니다. 하지만 이러한 고정관념에서 벗어나 영문법을 쉽고 재미있게 접근할 수 있도록 하였습니다.

중학영어로 영문법 마스터!

중학교 수준의 기본 단어로 가장 기초적이고 필수적인 문법만을 간추려 해설하고 자칫 딱딱해지기 쉬운 문법을 지루하지 않도록 다양한 예문을 실었습니다.

일상회화에 필요한 실용문법!

이 책에 실린 예문은 쉽고 간단해서 영어 초급자나 회화를 위해 영문법을 다시 공부하려는 분들에게 좋습니다. 문법을 이용한 예문 역시 일상생활에서 일어날 만한 상황을 다루었기 때문에 회화 연습에 많은 도움이 될 것입니다.

머리에 쏙쏙 들어오는 해설과 풍부한 예문!

문법을 가능한 이해하기 쉽고 재미있게 해설하였으며 회화에 유용한 표현 및 다양한 대화문을 제시하였습니다.

쉽게 휴대하면서 공부할 수 있는 포켓 사이즈!

손안에 쏙 들어오는 포켓 사이즈로 꾸며 언제 어디서나 가지고 다니면서 쉽게 영문법을 공부할 수 있습니다.

2023. 01

차 례

Part 1. 영어문장 맛보기

Unit 1 영어의 문장

Unit 2 영어 문장의 5형식

Part 2. 품사 제대로 활용하기

Unit 1 명사

Part 3. 영어구문 확실하게 끝내기

Part
1

영어문장
맛보기

영어의 문장

문장이란 단어를 일정한 순서에 따라 배열하여 전달하고자 하는 생각이나 사실을 표현한 것으로, 보통 영어 문장은 주어(S), 동사(V), 목적어(O), 보어(C)로 구성되어 있습니다. 영어의 기본은 문장의 구조를 파악하는 것이며, 이러한 영어 문장의 구조를 파악하기 위해서는 먼저 문장 내에서 주어, 동사, 목적어, 보어를 정확하게 간파할 수 있어야 합니다.

Lecture 1 ● 문장이란 무엇인가?

문장이란 단어를 일정한 순서에 맞게 배열하여 전달하고자 하는 생각이나 사실을 표현한 것이다. 문장은 그 의미에 따라 **평서문, 의문문, 명령문, 기원문, 감탄문** 등으로 나눌 수 있으며, 내용이 긍정인가 부정인가에 따라 **긍정문**과 **부정문**으로 나눈다.

주어	동사	보어
This	is	a banana.
이것은	입니다	바나나

'이것은, 저것은, 그것은'에 해당하는 말을 **주어**라고 하고, '입니다'에 해당하는 말을 **동사**라고 한다. 그런데 '이것은 입니다.'라고 하면 말이 되지 않는다. 뒤에 '바나나'가 와야 의

미가 통하게 되는 것이다. 따라서 '바나나'는 불완전한 것을 채워주는 역할을 하고 있는데 이것을 **보어**라고 한다. 이와 같이 몇 개의 말이 모여 하나의 완전한 의미를 나타내는 것을 **문**, **문장**이라고 한다. 보통문의 문장 뒤에는 피어리어드 (.)를 붙이고, 묻는 문장(의문문)에는 퀘스천마크(?)를 붙인다. 문장이 어떤 내용을 담고 있느냐에 따라 문장의 종류를 다음과 같이 나눌 수 있다.

1. 평서문

· 사실을 있는 그대로 진술하는 글을 **평서문**이라고 한다.
· 어순은 〈주어 + 동사〉의 형식을 취하며 문장 끝에 마침표 (.)를 붙인다.
· 평서문에는 긍정문과 부정문이 있다.

① 긍정문

She is a teacher.
그녀는 선생님이다.

이처럼 하나의 사실을 인정하는 문장을 **긍정문**이라고 한다.

② 부정문

She is not a teacher.
그녀는 선생님이 아니다.

앞문장과 반대로 '~가 아니다'라고 사실을 부정하는 문장을 **부정문**이라고 한다.

not을 사용해서 다음과 같이 부정문을 만든다.

> ● be동사·조동사의 부정 : be동사·조동사 + **not**
>
> ● 일반동사의 부정 : do[does, did] + **not** + 동사원형

She is from Korea. 그녀는 한국출신이다.
He's looking for a birthday present.
그는 생일선물을 찾고 있다.

Tom is not very good at soccer.
톰은 축구를 잘 못한다.

2. 의문문

· 질문하는 문장을 **의문문**이라고 한다.
· 어순은 〈동사 + 주어〉의 형식을 취하며 문장 끝에 의문부
  호(?)를 붙인다.
· 의문문에는 의문사가 있는 의문문, 의문사가 없는 의문문,
  부가의문문, 간접의문문 등이 있다.

Who is calling, please? 〈의문사가 있는 의문문〉
누구세요?

Don't you like Kimchi? 〈의문사가 없는 의문문〉
김치 좋아하지 않지?

You need a pen, don't you? 〈부가의문문〉
너 펜이 필요하지, 그렇지 않니?

I know what I have to do right now. 〈간접의문문〉
나는 지금 무엇을 해야 하는지 안다.

3. 명령문

· 명령, 경고, 부탁, 금지 등을 나타내며 동사원형으로 시작한다. 문장 끝에 마침표를 찍거나 느낌표를 써서 문장을 강조하기도 한다.

· 명령문의 부정은 〈Don't + 동사원형〉으로 시작하며 '~하지 마라'라고 해석한다.

· 권유의 명령문은 〈Let's + 동사원형〉으로 쓰며 '~하자'라고 해석한다.

· 명령문에는 직접 명령문, 간접 명령문이 있다.

Don't be angry. 화내지 마.

Let's go home. 집에 가자.

Sign your name here, please. 여기 서명해 주세요.

4. 기원문

· 축원하거나 소망을 기원하는 문장이다.

· 어순은 〈May + 주어 + 동사원형!〉이며 may를 생략하기도 한다.

(May) Peace be with you!
평화가 그대와 함께 하기를!

(May) God bless you!
신의 축복이 있기를!

5. 감탄문

· 강한 기쁨이나 슬픔, 놀람 등의 감정을 나타내는 문장으로, how나 what으로 시작하여 느낌표(!)로 끝맺는다.

> ● **what으로 시작하는 감탄문**
> **What** + a[an] + 형용사 + 명사 (주어 + 동사)!
>
> ● **how로 시작하는 감탄문**
> **How** + 형용사[부사] (주어 + 동사)!

· 감탄문은 감정을 표현하는 것이기 때문에 일반 문장에서 꼭 필요한 주어와 동사를 생략해도 의미가 통한다. Wonderful!(훌륭해!), Fantastic!(환상적이야!), Ouch!(아야!) 등과 같이 하나의 단어로도 감탄의 뜻을 나타낼 수 있다.

· 감탄문은 무의식적으로 터져 나오는 말들이 대부분이기 때문에 특별한 의미를 가지고 있지는 않다. 하지만 원어민들의 대화 중 자주 들을 수 있는 말이다.

What a pretty girl she is!
그녀는 얼마나 예쁜 소녀인지!

What a nice park!
정말 좋은 공원이네!

How nice you are!
네가 얼마나 좋은 사람인지!

1. 품사란?

영어를 이해하려면 먼저 품사에 대해 알아야 한다. **품사**란 단어를 기능에 따라 분류하여 이름을 붙인 것으로 8품사가 있다. 이 8품사가 어떻게 쓰이는지 알아보자.

① 모든 사물의 이름인 **명사** (noun)

사람이나 사물, 장소 등의 이름을 나타내는 말

ex) apple, pen, boy, mother, Seoul 등

② 명사를 대신하는 **대명사** (pronoun)

명사를 대신하는 말

ex) this, that, it, he, what 등

③ 주어의 움직임을 나타내는 **동사** (verb)

사람이나 사물의 동작이나 상태를 나타내는 말

ex) be, want, buy, eat, run 등

④ 명사를 예쁘게 꾸며주는 **형용사** (adjective)

사람, 사물, 동물의 성질이나 모양, 상태를 나타내는 말

ex) beautiful, long, short, cute 등

⑤ 동작을 더욱 섬세하게 나타내는 **부사** (adverb)

부가적으로 쓰여서 동사나 형용사, 다른 부사, 문장 전체

를 꾸미는 말

ex) very, quickly, kindly, already 등

⑥ 명사보다 한 발 앞서 위치하는 **전치사** (preposition)

명사나 대명사의 앞에 쓰여 다른 단어들 사이의 관계를 나타내는 말

ex) in, at, on, from, before 등

⑦ 말과 말을 서로 연결해 주는 **접속사** (conjunction)

단어와 단어, 구와 구, 문장과 문장을 연결하는 말

ex) and, but, when, or, so 등

⑧ 내 감정을 표현하는 **감탄사** (interjection)

기쁨, 슬픔, 화남, 놀라움 등의 감정을 나타내는 말로 감탄사 뒤에는 느낌표(!)를 붙인다.

ex) Oh!, Ah!, Oops!, Ouch! Bravo! 등

2. 말의 순서, 즉 '어순'이란 무엇인가?

영어를 제대로 이해하려면 반드시 알아야 하는 것이 **어순**에 관한 것이다.

Jane is a doctor.

위 영문을 사전으로 뜻을 찾아보면 다음과 같다.

- Jane   제인 〈여자이름〉
- is   ~이다
- a   하나의
- doctor   의사

사전에 나온 뜻을 가지고 영문을 해석해 보자.

Jane	is	a	doctor.
제인(은)	이다	한 사람의	의사
고유명사	be동사	관사	명사

우리말로 해석해 보면 '제인은 이다, 한 사람의 의사'가 되는데 이것은 우리말의 어법상 맞지 않다. 위 문장에서 볼 수 있듯이 영어와 우리말은 말의 어순이 다르다는 것을 분명히 알 수 있다.

This is a banana.
이것은 바나나입니다.

- **this** [ðis] : 이것은, 가까이에 있는 사물[사람]을 가리킬 때 쓰는 말이다.
복수형은 these이다.
- **is** [iz] : ~이다, 입니다
- **a** : '하나의, 1개의' 라는 의미인데 일일이 해석할 필요는 없다.

That is a pear.
저것은 배입니다.

- **that** [ðæt] : 저것은, 멀리 있는 사물[사람]을 가리킬 때 쓰는 말이다.
that의 복수형은 those이다.

This is an apple.
이것은 사과입니다.

- **an** : 뒤에 모음으로 시작하는 말이 올 때는 a가 아니라 an을 쓴다.

That is an orange.
저것은 오렌지입니다.

- **an** : orange는 모음 [o]로 발음이 시작되므로 an을 쓴다.

A **Is this a tomato?**
B **Yes, it is.**

A 이것은 토마토입니까?
B 네, 그렇습니다.

- **?** : 퀘스천마크(의문부호)라고 하는데 묻고 있다는 기호이다.
- **,** : 컴머라고 한다.
- **it** : this나 that으로 가리킨 사물을 다시 말할 때는 it으로 받는다.
- **.** : 피어리어드(마침표)라고 한다. 문장을 마친다는 기호이다.

A **Is that a potato?**
B **No, it is not.**
A **What is it, then?**
B **It is a carrot.**

A 저것은 감자입니까?
B 아뇨, 아닙니다.
A 그럼 무엇입니까?
B 당근입니다.

- **what** [hwɑt] : 무엇. 의문사는 문장 첫머리에 온다.
- **then** [ðen] : 그러면

영어 문장의 5형식

주어, 동사, 목적어, 보어의 4요소가 영문을 구성합니다. 문장의 4요소 중에서도 특히 동사가 가장 중요하게 여겨지고 있습니다. 동사의 종류에 따라서 문장은 5가지의 문형으로 분류되는데 이를 **문장의 5형식**이라고 합니다.

Lecture 1 ● 1형식 (주어 + 동사)

You win. 네가 이겼다.

He flies. 그가 날아간다.

John swims. 존이 수영한다.

위 문장들은 모두 주어와 동사만으로 이루어진 문장이다. 우리말의 '~은/는'에 해당되는 부분이 **주어**이고, '~이다/하다'에 해당되는 부분이 **동사**이다. 1형식은 문장의 가장 핵심이 되는 **주어와 동사**만으로 이루어진 문장을 말한다.

Lecture 2 ● 2형식 (주어 + 동사 + 보어)

She is beautiful. 그녀는 아름답다.

You are kind. 너는 친절하다.

The banana is yellow. 바나나는 노란색이다.

위 문장에서 뒤에 나온 형용사(beautiful, kind, yellow)는 앞에 나온 주어의 상태를 설명해 주고 있다. 이러한 형용사는 문장에서 **보어**로 쓰여 문장의 뜻을 보충해 준다.

1형식 문장의 일반동사와는 달리 2형식 문장의 동사는 혼자서는 문장을 완성할 수 없어서 동사를 보충해 주는 **보어**가 필요하다.

Lecture 3 ● 3형식 (주어 + 동사 + 목적어)

I read books. 나는 책을 읽는다.

John plays the piano. 존은 피아노를 연주한다.

He likes sports. 그는 스포츠를 좋아한다.

위 문장에서 '~을/를'에 해당하는 부분을 **목적어**라고 한다. **목적어**란 동작의 대상이 되는 말로 주어와 동사로 이루어진 I read(나는 읽는다) 다음에 I read books.(나는 책을 읽는다.)처럼 무엇을 읽는지 그 목적 대상이 있어야 한다.

Lecture 4 ● 4형식 (주어 + 동사 + 간접목적어 + 직접목)

I gave you an apple.
나는 너에게 사과를 주었다.

He teaches us English.
그는 우리에게 영어를 가르친다.

She buys me a book.
그녀는 나에게 책을 사준다.

4형식 문장에는 3형식 문장 주어, 동사, 목적어 외에 you, us, me에 해당하는 **간접목적어**가 더 있다. 이러한 간접목적어는 동작을 받는 대상으로 간접목적어는 직접목적어 앞에 놓인다.

Lecture 5 ● 5형식 (주어 + 동사 + 목적어 + 보어)

He makes me happy.
그는 나를 행복하게 한다.

I think she is very kind.
나는 그녀가 매우 친절하다고 생각한다.

We call it a rose.
이 꽃은 장미라고 합니다.

위 문장에서 'He makes me'를 보면 3형식 문장처럼 〈주어 + 동사 + 목적어〉로 되어 있다. 하지만 '그는 나를 만든다'라는 불완전한 문장이 되어 그가 나를 어떻게 만들었는지 설명해 줄 단어가 필요하다. 즉, happy가 me의 상태를 설명해 주는 단어이다. 이처럼 목적어의 상태를 설명해 주는 단어를 **목적보어**라고 하며, 이런 문장의 형태를 **5형식**이라고 한다.

지금까지 배운 5가지 문장 형식을 다시 한 번 살펴보자.

❶ **A baby**　　**talks.** 〈1형식〉
　 (주어)　　　(동사)
　　아기가 말한다.

❷ **I**　　**am**　　**a boy.** 〈2형식〉
　(주어)　(동사)　　(보어)
　　나는 소년이다.

❸ **A cat**　　**catches**　　**a rat.** 〈3형식〉
　 (주어)　　　(동사)　　　(목적어)
　　고양이가 쥐를 잡는다.

❹ **I**　　**gave**　　**him**　　**a book.** 〈4형식〉
　(주어)　(동사)　(간접목적어)　(직접목적어)
　　나는 그에게 책을 주었다.

❺ **We**　　**elected**　　**him**　　**chairman.** 〈5형식〉
　(주어)　　(동사)　　(목적어)　　(목적보어)
　　우리는 그를 의장으로 뽑았다.

❶과 ❷는 '~을, ~에게'라는 목적어가 없다. 목적어를 갖지 않
는 동사를 **자동사**라고 한다. ❶과 같이 보어가 없어도 의미가
통하는 자동사를 **완전자동사** ❷와 같이 보어가 있어야 의미
가 통하는 자동사를 **불완전자동사**라고 한다.

❸과 ❺와 같이 목적어를 갖는 동사를 **타동사**라고 하는데, 타
동사도 보어의 유무에 따라 완전 · 불완전의 구별이 있다. ❸

과 같이 보어를 갖지 않는 동사를 **완전타동사 ❺**와 같이 보어를 갖는 동사를 **불완전타동사**라고 하며 ❹와 같이 목적어를 2개 취하는 동사는 **수여동사**라고 한다.

* ❺의 '사람을 어떤 직책에 뽑다.'에서 보통 직책명 (chairman) 앞에는 관사를 붙이지 않는다.

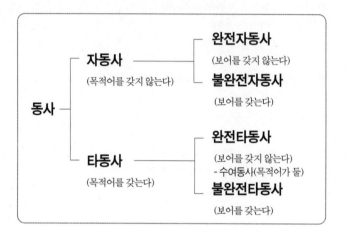

My parents make me happy.

부모님이 나를 기쁘게 해주십니다.

· **make** [meik] : ~를 …로 만들다

We call this flower a pansy.

이 꽃은 팬지라고 합니다.

· **call** [kɔːl] : ~를 …라고 부르다

Always keep your room clean.

항상 당신 방을 깨끗이 해 두세요.

· **always** [ɔ́ːlweiz] : 항상, 늘
· **keep** [kiːp] : ~를 …로 유지하다
· **clean** [kliːn] : 깨끗한

She named her son George.

그녀는 아들을 조지라고 이름 지었습니다.

· **named** [neimd] : ~를 …라고 이름 지었다. name의 과거형. 여기서는 동사다.
· **son** [sʌn] : 아들

They elected him chairman.

그들은 그를 의장으로 뽑았습니다.

· **elected** [iléktid] : ~를 …로 뽑았다. elect의 과거
· **chairman** [tʃέərmən] : 의장

He teaches us English.
그는 우리에게 영어를 가르칩니다.

· **teach(es)** [tiːtʃ(iz)] : 가르치다

Part
2

품사
제대로
활용하기

명사

명사는 사물의 이름을 나타내는 말입니다. 그 중에는 고유한 것도 있고 추상적인 것도 있고 일반적인 것들도 있습니다. 여기서는 명사의 다양한 종류와 명사를 복수 형태로 나타내는 법, 명사의 소유격에 대해 공부합니다.

Lecture 1 ● 명사란?

명사란 사람, 동물, 장소, 사물 또는 생각을 나타내는 이름이다. 명사는 크게 **셀 수 있는 명사**(가산명사)와 **셀 수 없는 명사**(불가산명사)로 나눌 수 있으며, 종류별로 **보통명사, 집합명사, 고유명사, 물질명사, 추상명사**로 나눈다.

1. 보통명사

보통명사는 말 그대로 아주 평범한 명사를 말하며 셀 수 있기 때문에 단수와 복수의 구별이 있다.

ex) book, desk, pen, student, car 등

2. 집합명사

같은 종류의 사람이나 사물이 모여 이루어진 집합체를 말한다.

ex) family, class, team, committee 등

3. 고유명사

사람이나 장소, 요일 등 고유한 것에 붙여진 이름이며 문장의 어디에 오더라도 대문자로 시작한다.

ex) John, Korea, Japan, July, Monday 등

4. 물질명사

물체를 이루는 물질이나 재료에 붙인 이름이며 일정한 형태가 없는 것도 있다.

ex) water, milk, bread, gas, air 등

자체로서는 셀 수가 없어 그것을 담는 그릇이나 측정 단위를 이용해 셀 수 있다.

ex) a glass of water (물 한 잔)

a cup of coffee (커피 한 잔)

a piece of cake (케이크 한 조각)

a sheet of paper (종이 한 장)

5. 추상명사

사람이나 사물의 성질, 상태 등 추상적인 개념을 나타내는 명사를 말한다.

ex) love, ability, beauty, anger 등

Lecture 3 ● 명사의 수

명사의 수란 명사가 단수인지, 복수인지를 말하는 것이다. **단수**는 어떤 사물이 한 개만 있는 경우이고, **복수**는 두 개 이상이 있는 경우이다. 명사의 수는 다음과 같은 규칙으로 만든다.

① 대부분의 명사는 **-s** 또는 **-es**를 붙여 복수형을 만든다.

ex) desk (책상)	→	desk**s**
car (자동차)	→	car**s**
bench (벤치)	→	bench**es**
dish (접시)	→	dish**es**

② **-f**나 **-fe**로 끝나는 말은 **-f, -fe**를 **v**로 고치고 **-es**를 붙인다.

ex) knife (나이프) → kni**ves**

loaf (빵 한 덩어리)	→	loa**ves**
scarf (스카프)	→	scar**ves**

〈예외〉

ex) chief (우두머리)	→	chief**s**
proof (증거)	→	proof**s**
roof (지붕)	→	roof**s**
safe (금고)	→	safe**s**
handkerchief (손수건)	→	handkerchief**s**

③ -s, -x, -ch, -sh로 끝나는 명사는 -es를 붙여서 복수형을 만든다.

ex) dress (드레스)	→	dress**es**
fox (여우)	→	fox**es**
brush (솔)	→	brush**es**

④ '자음 + y'로 끝나는 단어는 y를 i로 고치고 -es를 붙여 복수형을 만든다.

ex) city (도시)	→	cit**ies**
lady (숙녀)	→	lad**ies**

⑤ '자음 + o'로 끝나는 명사는 -(e)s를 붙여서 복수형을 만든다.

ex) hero (영웅)	→	hero**es**
piano (피아노)	→	piano**s**

⑥ 복수형이 불규칙하게 바뀌는 말도 있다.

■ 모음변화

ex) man (남자)	→	**men**
woman (여자)	→	**women**
foot (발)	→	**feet**
tooth (이)	→	**teeth**

■ 끝에 **-en**

ex) child (어린이)	→	child**en**
ox (황소)	→	ox**en**

■ 단수 · 복수의 형태가 같은 것

ex) deer (사슴)　　sheep (양)　　fish (물고기)

Lecture 4 ● 명사의 소유격

① 사람, 동물의 소유격은 **-'s**(어퍼스트로피 **s**)를 붙이며 '~의'
라는 의미이다.

ex) my brother**'s** name (내 동생의 이름)

Tom**'s** book (톰의 책)

Kate**'s** umbrella (케이트의 우산)

② **-s**로 끝나는 말의 복수형은 어퍼스트로피(')만 붙인다.

ex) boy**s'** books (소년들의 책들)

a girl**s'** school (여학교)

＊ 단수와 복수에서 어퍼스트로피의 위치가 반대로 되는 점에 주의할 것

③ 소유격의 **of**

'내 어떤 한 친구, 저 당신의 고모, 이 우리의 지구'는 my a friend, that your aunt, this our earth라고 하지 않는다. 영어에서는 다음과 같이 말한다.

- 내 어떤 한 친구

    a friend **of mine**   (○)

    my a friend   (×)

- 당신의 저 고모

    that aunt **of yours**   (○)

    that your aunt   (×)

- 우리의 이 지구

    this earth **of ours**   (○)

    this our earth   (×)

The teacher's room is on the second floor.
교무실이 이층에 있다.

The legs of the table are broken.
탁자의 다리가 부러져 있다.

What's today's exchange rate?
오늘의 환율은 얼마입니까?

A book is on the table.
책 한 권이 탁자 위에 있습니다.

- book은 셀 수 있는 명사로 단수일 경우 관사인 a가 붙는다.

Some books are on the desk.
몇 권의 책이 책상 위에 있습니다.

- **some** [sʌm] : 몇몇의, 약간의
- book은 셀 수 있는 명사로 복수일 경우 뒤에 -s를 붙인다.

My brother's name is John.
내 동생의 이름은 존입니다.

- 사람의 소유격은 -'s(어퍼스트로피 s)를 붙인다.

Tom's pen is under the sofa.
탐의 펜은 소파 아래 있습니다.

- '~아래'를 나타낼 때는 장소의 전치사 under를 쓴다.
- **sofa** [sóufə] : 소파

A girls' school is closed for the time being.
여학교는 당분간 휴교합니다.

- -s로 끝나는 말의 복수형(girls)은 어퍼스트로피(')만 붙인다.
- **close** [klouz] : 휴교하다, 닫다
- **for the time being** : 당분간

관사

관사란 명사 앞에 쓰여서 명사의 성격을 밝혀주는 것으
a[an]와 the가 있다. 특정한 것을 가리키지 않는 a나 an을 **부
정관사**, 특정한 것을 가리키는 the를 **정관사**라고 부른다.

Lecture 1 ● 부정관사 a[an]

① 특별히 지정하지 않은 막연한 단수명사에 **부정관사**를 쓴
다. a, an은 모두 '1개의'라는 의미로 대부분의 단수명사
앞에는 a를 붙이지만, angel, elephant, umbrella처럼
그 발음이 모음(a, e, i, o, u)으로 시작하는 단수명사 앞에
는 부정관사 an을 붙인다.

ex) **a** cat   **a** flower   **a** boy   **a** week

    an egg   **an** apple   **an** hour   **an** umbrella

② hour나 honor와 같이 h는 발음되지 않고 모음이 먼저
발음되는 명사 앞에는 **an**을 붙인다.

③ university와 같은 모음으로 시작하는 명사 앞에는 **a**를
붙인다. 영어에서 [j]와 [w] 발음은 모음에 속하지 않으
므로 그 앞에는 **an**이 아니라 **a**가 붙는다.

ex) **a** uniform   **a** UFO

    a university   **a** week

부정관사 a[an]의 용법

■ 단수의 셀 수 있는 명사 앞에 의례적으로 붙는 경우에는 특별한 의미가 없다.

My brother is a lawyer.
나의 형은 변호사이다.

He is a student.
그는 학생이다.

■ '하나' 라는 뜻을 분명히 나타낸다.

There are twelve months in a year.
1년에는 12달이 있다.

I didn't say a word.
나는 한 마디도 하지 않았다.

■ '같은, 동일한' 이라는 뜻을 갖는다.

They are all of a size.
그것들은 모두 같은 크기이다.

We are of an age.
우리는 같은 나이이다.

■ '어떤' 이라는 뜻을 나타낸다.

You are right in a sense.
어떤 의미에서는 당신이 옳다.

A Mr. Smith came to see you.
스미스 씨라는 분이 당신을 보러 왔었다.

■ '~마다, ~당' 이라는 뜻을 갖는다.

He calls me twice a day.

그는 하루에 두 번씩 나에게 전화한다.

We work eight hours a day.

우리는 하루에 8시간을 일한다.

■ '~라는 것' 이라는 종류나 종족 전체를 나타낸다.

A horse is a useful animal.

말은 유용한 동물이다.

A dog is faithful.

개는 충직하다.

* 종류 전체를 대표하는 총칭적 의미의 〈a + 단수명사〉는 〈the + 단수명사〉나 복수명사로도 나타낼 수도 있다.

A dog is a faithful animal.

= **The dog** is a faithful animal.

= **Dogs** are faithful animals.

Lecture 2 ● 정관사 the

특정한 것을 가리킬 때는 **this**나 **that** 또는 **the**를 쓴다. **the**는 대개 [ðə]로 발음되지만, 단어의 첫 발음이 모음(a, e, i, o, u)으로 시작될 때는 [ði]로 발음된다.

ex) **the** [ði] apple   **the** [ði] orange

정관사 the의 용법

■ 앞에 나온 명사를 되풀이해서 말할 때 쓰인다.

He has a son, and the son is a doctor.
그에게는 아들이 하나 있는데, 그 아들은 의사이다.

I found a box, but the box was empty.
나는 상자를 하나 찾아냈다. 그러나 그 상자는 비어 있었다.

■ 처음 나오는 명사라 하더라도 전후 관계로 보아 어느 것을 가리키는지 분명할 때 쓰인다.

Close the door.
문을 닫으세요.

I'm going to the post office.
나는 우체국에 가는 길입니다.

■ 명사가 형용사구나 형용사절에 의해 수식을 받을 때 그 명사 앞에 붙는다.

The wall of my room is white.
내 방의 벽은 흰색이다.

The book on the desk is mine.
책상 위에 있는 책은 내 것이다.

■ 형용사의 최상급, 서수사, **only, next, same** 등이 명사를 수식하여 그 명사가 특정한 사람이나 사물을 가리키게 될 때는 정관사를 붙여야 한다.

Sunday is the first day of a week.
일요일은 한 주일의 첫째 날이다.

He made the same mistake again.
그는 똑같은 실수를 다시 저질렀다.

She is the only friend that I have.
그녀는 나의 유일한 친구이다.

■ 계량 단위를 나타내는 경우에 〈by the + 단위명사〉의 형태로 쓰인다.

They sell tea by the pound.
그들은 차를 파운드 단위로 판다.

Taxies are hired by the kilometers.
택시는 킬로미터 당 요금을 지불한다.

■ 신체 부위에 어떤 동작을 가하는 경우에는 〈전치사 + the + 신체부위〉의 형태로 표현한다.

The dog bit him on the leg.
그 개는 그의 다리를 물었다.

I took her by the hand.
나는 그녀의 손을 잡았다.

■ 단 하나 밖에 존재하지 않는 사물의 이름에 붙는다.

·**천체** : the sun, the moon, the earth, the world, the universe, the sky

·**방위** : the north, the south, the east, the west, the right, the left

The sun rises in the east.
해는 동쪽에서 뜬다.

I wish to make a journey round the world.
나는 세계일주 여행을 하고 싶다.

- 종류나 종족 전체를 나타낸다.

My sister can play the piano.
내 여동생은 피아노를 칠 줄 압니다.

Who invented the telephone?
누가 전화를 발명했나요?

정관사와 고유명사

고유명사 앞에는 정관사를 붙이지 않는 것이 원칙이지만
다음의 경우에는 정관사를 붙인다.

- 산맥, 국가, 가족 명 등 복수형 고유명사

  the Alps (알프스 산맥)

  the United States of America (미 합중국)

  the Philippines (필리핀)

  the Smith (스미스 씨 가족)

- 강, 해협, 운하, 바다, 사막 이름

  the Nile (나일강)

  the Suez Canal (수에즈 운하)

  the Pacific (태평양)

  the Sahara (사하라 사막)

■ 배, 열차 이름

the Mayflower (메이플라워 호)

the Saemaul (새마을 호)

■ 공공건물, 기관 이름

the White House (백악관)

the British Museum (대영 박물관)

* 역, 공항, 항구, 공원 등의 이름에는 관사가 붙지 않는다.

Seoul Station (서울역)

Hyde Park (하이드 공원)

■ 신문, 잡지 이름

The New York Times (뉴욕 타임스)

The Economist (이코노미스트)

Lecture 3 ● 관사의 위치

일반적으로 명사 앞에 쓰며, 형용사가 있을 때는 〈관사 + 형용사 + 명사〉의 순으로 쓴다.

a pretty girl   **the** pretty girl

I take a shower once a day.
나는 하루에 한 번 샤워합니다.

· 이 문장에서 a는 per(~마다, ~당)의 의미로 사용되었다.
· **take a shower** : 샤워하다 · **once a day** : 하루에 한 번

Coffee has caffeine.
커피에는 카페인이 있습니다.

· 이 문장에서 커피는 일반 커피를 의미한다.
· **caffeine** [kæfíːn] : 카페인

The coffee has caffeine.
그 커피에는 카페인이 있습니다.

· 이 문장에서 커피는 특정 커피를 의미한다.

The sun is going down.
해가 지고 있습니다.

· sun은 세상에서 유일무이한 것으로 정관사 the를 붙인다.
· **sun** [sʌn] : 해   · **go down** : 내려가다

The tallest girl is my daughter.
가장 키가 큰 소녀가 제 딸입니다.

· 최상급 형용사(tallest) 앞에는 정관사 the를 붙인다.
· **daughter** [dɔ́ːtər] : 딸

Unit 03 대명사

대명사란 명사 대신 사람이나 사물을 가리키는 말로, 한 번 나왔던 명사를 대명사로 바꾸어 쓰면 문장을 간결하고 쉽게 만들 수 있습니다. 영어에는 대명사가 아주 많습니다. 크게 인칭대명사, 지시대명사, 의문대명사, 부정대명사, 관계대명사 다섯 종류가 있으며, 이 과에서는 인칭대명사를 중점적으로 공부합니다.

Lecture 1 ● 인칭대명사

'~은'에 해당하는 말을 **주격**, '~의'에 해당하는 말을 **소유격**이라고 한다. I와 we를 **1인칭**, you를 **2인칭**, he, she, it, they를 **3인칭**이라 하며, 어떤 동작의 주체를 가리키는 대명사를 **인칭대명사**라고 부른다.

① 인칭대명사의 변화

수 격 인칭	단 수		복 수	
	주격	소유격	주격	소유격
	~이(가), ~는	~의	~이(가), ~는	~의
1 인칭	I	my	we	our
2 인칭	you	your	you	your
3 인칭	he, she, it	his, her, its	they	their

| 47

· **1인칭** : 말하는 사람 자신, 즉 '나'와 '내가 속해 있는 그룹' 을 가리킨다. 1인칭대명사는 **I**(나)와 I의 복수형인 **we**(우리)를 말한다.

· **2인칭** : 상대방, 즉 '너'와 '네가 속해 있는 그룹'을 가리킨 다. 2인칭대명사는 '**you**(너/너희들)'를 말한다.

· **3인칭** : 화제에 떠오르는 제3자, 즉 '나'와 '너'를 제외한 나머지 대상을 가리킨다. 3인칭대명사는 **he**(그), **she**(그녀), **it**(그것), **they**(그들)를 말한다.

* 영문법에서는 you를 단수 · 복수 같은 형으로 취급한다.

② 복수 인칭대명사

be동사 '~이다' 인칭대명사 표와 같이 인칭대명사가 복수 가 되면 '~이다' 라는 동사도 바뀐다.

· I **am**   →   We **are**
· You **are**   →   You **are**

He		
· She **is**	→	They **are**
It		

③ 소유대명사

대명사중 '~의 것'에 해당하는 말을 **소유대명사**라고 한다.
소유대명사를 수와 인칭에 따라 구별하면 다음의 표와 같다.

수 인칭	단 수	복 수
1인칭	mine	ours
2인칭	yours	yours
3인칭	his, hers	theirs

Whose umbrella is this?
이것은 누구의 우산입니까?

Whose is this umbrella?
이 우산은 누구의 것입니까?

④ 재귀대명사

재귀대명사란 -self의 형태로서 myself, yourself,
himself, herself, ourselves, themselves 등이 있다.

■ 재귀적 용법
재귀대명사가 타동사의 목적어로 쓰이는 경우이다. 주어
의 행위 결과가 다시 주어 자신에게 미친다.

History repeats itself.
역사는 되풀이한다.

■ 강조용법

재귀대명사가 강조용법으로 쓰일 때는 재귀대명사를 생략해도 문장이 성립한다.

He himself wrote this book.
그 자신이 직접 이 책을 썼다. 〈주어 강조〉

Jane wants to see Tom himself.
제인은 바로 토니를 보고 싶어 한다. 〈목적어 강조〉

Lecture 2 ● 지시대명사

지시대명사는 사람이나 사물을 지시할 때 쓰는 대명사로, 가까이에 있는 것은 **this**(이것, 이 사람), 좀 떨어져 있는 것은 **that**(저것, 저 사람)으로 받는다. 복수형은 **these**(이것들, 이 사람들), **those**(저것들, 저 사람들)로 쓴다.

① 명사를 다시 받을 때 쓰는 that과 those

The climate of Korea is like that of Japan.
한국의 기후는 일본의 기후와 비슷하다.
(that = the climate)

② those who : ~하는 사람들

Heaven helps those who help themselves.
하늘은 스스로 돕는 자를 돕는다.

③ 전자와 후자를 뜻하는 that과 this

I study English and German; that(the former) **is more difficult than this**(the latter).

나는 영어와 독일어를 공부한다. 전자가 후자보다 더 어렵다.

(= the former ~ the latter … , the one ~ the other …)

Lecture 3 ● 의문대명사

질문할 때 쓰는 대명사로 의문사를 만들 때 문장의 맨 앞에 사용한다.

① who (누구)

사람의 이름이나 관계를 물어볼 때 쓰며 주격, 소유격, 목적격 세 가지 형태로 변한다.

Who is he? 그는 누구니? 〈주격〉

Whose book is this? 이것은 누구의 책이죠? 〈소유격〉

Whom did you see? 너는 누구를 봤니? 〈목적격〉

* 회화에서는 whom보다 who를 많이 쓴다.

② what (무엇)

보통 사물에 대해 물어볼 때 쓰며, '무엇'이라는 뜻이다. 사람의 직업을 물을 때도 what을 쓴다.

What is it?

그것은 무엇이니? 〈주격 - 사물〉

What is he?

그는 무슨 일을 하니? 〈주격 - 사람〉

What do you want to do?

무엇을 하고 싶니? 〈목적격〉

③ which (어느 것)

정해진 것들 중 '어떤 것'을 말하는지 물을 때 쓴다.

Which is better?

어느 것이 낫니? 〈주격〉

Which do you want?

어느 것을 원하니? 〈목적격〉

Lecture 4 ● 부정대명사

특정한 사람이나 사물이 아니라 막연한 대상을 가리키는 대명사이다.

하나	one (하나)
둘	one (하나), the other (다른 하나)
셋 이상	one (하나), another (다른 하나), the others[other] (그 나머지)

넷 이상	some (일부), the others[others] (나머지 전부)
몇몇	some (몇몇, 어떤 것 〈긍정〉), any (몇몇, 어떤 것 〈부정〉)
모두	all (모두, 모든 일, 모든 것)

One should keep **one**'s promise.
사람은 누구나 약속을 지켜야 한다.

I need **some** eggs.
달걀이 몇 개 필요하다.

She doesn't have **any** pens.
그녀는 펜이 하나도 없다.

One is mine, **the other** is yours.
하나는 내 것이고, 다른 하나는 네 것이다.

Please give me **another** cup of coffee.
커피 한 잔만 더 주세요.

All is over.
모든 것이 끝났다.

Lecture 5 ● 관계대명사

앞에서 얘기하는 사람이 누구인지, 또 어떤 물건인지 부연설
명을 덧붙일 때 두 개의 문장을 이어주는 역할을 한다.

선행사	주격	소유격	목적격
사람	who (= that)	whose	who(m) (= that)
사람이나 동물	which (= that)	whose (= of which)	which (= that)
사람 + 사물(동물)	that	-	that
사물(선행사 포함)	what	-	what

① 주격의 who, that

선행사가 사람일 때 who나 that을 사용한다.

I know the girl who is a good pianist.

나는 훌륭한 피아니스트인 그 소녀를 안다.

② 주격의 which, that

선행사가 물건이나 동물인 경우 관계대명사 which, that
이 쓰인다.

John has a book which is very interesting.

존은 매우 흥미 있는 책을 한 권 갖고 있다.

③ 목적격의 whom, that

선행사가 사람일 때 whom, that을 사용한다.

That is the lady whom I loved before.

저 사람은 전에 내가 사랑하던 여자이다.

④ 소유격의 whose

whose는 대명사의 소유격으로, 선행사가 사물일 경우 whose를 써도 되지만 회화에서는 거의 쓰이지 않는다.

This is the boy **whose** mother is a famous actress.

이 아이는 그의 어머니가 유명한 여배우인 소년이다.

This is my pencil.
이것은 내 연필입니다.

· **my** [mai] : 나의, I의 소유격

These are our pencils.
이것들은 우리 연필입니다.

· **these** [ðiːz] : 이것들은. this의 복수형
· **our** [auər, ɑːr] : 우리들의. my의 복수형

That is your desk.
저것은 당신 책상입니다.

· **your** [juər, jɔːr] : 당신의, 당신들의. you의 소유격

Those are your desks.
저것들은 당신들 책상입니다.

· **those** [ðouz] : 저것들은. that의 복수형

We are elementary school boys.
우리는 초등학교 남학생들입니다.

· **we** [wi] : 우리들은
· **elementary** [èləméntəri] **school** : 미국의 6년제 또는 8년제 초등학교. 영국에서는 primary school이라고 한다.

56 |

A **Whose map is this?**

B **It is mine.**

A 이것은 누구의 지도입니까?

B 제 것입니다.

- **whose** [hu:z] : 누구의. 여기서는 소유격으로 쓰였다.
- **mine** [main] : 나의 것. my map을 가리킴.

A **Is this your umbrella?**

B **No, it is not. It is Tom's.**

A 이것은 당신의 우산입니까?

B 아뇨, 아닙니다. 톰의 것입니다.

- **Tom's** [tamz] : 톰의 것. 여기에서는 Tom's umbrella로 umbrella
  가 생략되었다.

A **Whose is that bicycle?**

B **It is Mary's.**

A 저 자전거는 누구의 것입니까?

B 메리의 것입니다.

- **Mary's** [méəriz] : 메리의 것

A **Whose is this boat?**

B **It is yours.**

A 이 보트는 누구의 것입니까?

B 당신들의 것입니다.

- '당신의 것' 과 '당신들의 것' 은 형태(yours)가 같다.

형용사

지금까지는 사물의 이름인 '명사(book, pen 등)'와 명사를 대신하는 '대명사(I, you, he, she 등)'를 배웠는데 여기서는 사물의 모양이나 성질을 나타내는 말(short, long, easy, hard 등)을 배웁니다. 이것을 **형용사**라고 합니다.

형용사에는 크게 **한정사**와 **일반 형용사**가 있습니다. 한정사란 관사, 수, 소유격 등을 표시해주는 말이며, 때로는 명사 뒤에 쓰입니다. 한정사와 일반 형용사가 같이 쓰이면, 한정사가 먼저 오고 그 뒤에 일반 형용사가 옵니다. 예를 들어 '한 마리의 귀여운 강아지'는 이런 순서로 쓰입니다.

a	cute	dog
(한정사)	(일반 형용사)	(명사)

Lecture 1 ● This is ~.와 This + ☐ is ~.

❶ **This** is a long crayon. 이것은 긴 색연필입니다.
❷ **This crayon** is long. 이 색연필은 깁니다.

❶의 this는 '이것은' ❷의 this는 '이 ~'이다. ❶에서는 단독으로 쓰였지만 ❷에서는 뒤의 crayon을 수식하는 '형용사'로 쓰였다.

long (긴)	↔	short (짧은)
new (새로운)	↔	old (오래된)
clever (명석한)	↔	foolish (바보 같은)
easy (쉬운)	↔	hard (어려운)
tall (키가 큰)	↔	short (키가 작은)

Lecture 3 ● long의 위치

Lecture1의 예문에서 ❶의 경우 long은 반드시 a와 crayon 사이에 온다. ❷의 경우는 관사 a를 붙이지 않는다. long은 사물의 이름(명사)이 아니기 때문이다.

This is a **long** crayon.	(○)
This is long a crayon.	(×)
This crayon is a long.	(×)
This crayon is **long**.	(○)

Lecture 4 ● very

'매우 길다' 또는 '정말 짧다'라고 강조할 때는 very[véri]를 쓴다. 이 경우도 a의 위치에 주의하자.

This is a **very** clever boy.	(○)
This boy is **very** clever.	(○)
This is very a clever boy.	(×)
This is a very clever.	(×)

명사 + y

〈명사 + y〉가 되면 '형용사'가 된다.

rain	+	y	=	rain**y** (비가 오는)
cloud	+	y	=	cloud**y** (흐린)
wind	+	y	=	wind**y** (바람이 부는)

Lecture 6 형용사의 순서

여러 개의 형용사가 명사 앞에 올 때 무엇부터 써야할지 헷갈릴 때가 있다. 다음 원칙을 잘 알아두자.

❶ 지시형용사 + 수량형용사 + 성질·상태 형용사
❷ 지시어나 관사가 있으면 맨 앞에 온다.
❸ 기수와 서수가 겹칠 때는 서수부터 쓴다.
❹ 의견 형용사를 먼저 쓰고 사실 형용사를 나중에 쓴다.
❺ 사실 형용사가 여러 개 있을 때는 다음 순서로 쓴다.

크기 - 나이 - 모양 - 색깔 - 소속 - 재료 + **명사**

Look at **these two cats**.
이 두 마리의 고양이를 봐.

It was a **big green plastic bag**.
그것은 큰 녹색 비닐 봉지였다.

사실 하나의 문장에 여러 개의 형용사를 쓰는 것은 좋지 않다. 이론상 그렇다는 것이니 참고해 두자.

1. 비교급

A와 B 두 사람을 비교해서 'A가 B보다 키가 크다'라고 말할 때 영어로는 A is taller than B.라고 한다. taller는 tall + -er로 '~보다 키가 크다'라는 의미이다. 이때 tall을 원급이라고 하고, 비교해서 말할 때 쓰는 taller를 **비교급**이라고 한다. 비교급에는 형용사, 부사의 어미에 -er을 붙여 만드는 방법과 원급 앞에 more를 사용하여 만드는 방법이 있다.

small	-	small**er**	high	-	high**er**
cheap	-	cheap**er**	cold	-	cold**er**
hot	-	hot**ter**	fat	-	fat**ter**

more beautiful   **more** expensive

more exciting   **more** popular

more와는 정반대의 개념인 less의 사용법도 알아두면 좋을 것이다.

My car is less expensive than his car.
내 차는 그의 것보다 덜 비싸다.

Math is less interesting than history.
수학은 역사보다 재미가 덜하다.

A, B, C 셋을 비교해서 'A가 (셋 중에서) 가장 키가 크다'라고 할 때에는 A is (the) tallest (of the three).라고 한다.

tall + est = tallest형을 **최상급**이라고 한다. 형용사, 부사의 어미에 -est를 붙이고 최상급 앞에는 the를 붙이는 방법과 원급 앞에 the most를 붙이는 방법 두 가지가 있다.

the long**est**	**the** cold**est**
the small**est**	**the** hard**est**
the hot**test**	**the** easi**est**
the most expensive	**the most** intelligent
the most beautiful	**the most** popular

❶ Tom is tall.
　톰은 키가 큽니다.

❷ Tom is **taller than** John.
　톰은 존보다 키가 큽니다.

❸ Tom is (the) **tallest** (of the three).
　톰은 셋 중에서 키가 제일 큽니다.

tall은 형용사인데 부사를 비교할 때도 쓸 수 있다. fast라는 부사를 예로 들어 설명해 보자.

❹ Tom runs **faster than** John.
　톰이 존보다 빨리 달립니다.

❺ Tom runs **fastest**.
　톰이 가장 빨리 달립니다.

❸과 ❺를 비교해 보면 ❺와 같은 부사의 최상급에는 the를 붙이지 않는다. 형용사일 때도 He is the tallest boy.와 같이 형용사가 직접 수식하는 명사가 있을 때는 the를 붙이지만

❸과 같이 명사가 생략[(the) tallest boy의 boy]된 경우에는 the도 생략한다.

2. 비교급의 의문문

❶ Who is taller, Tom or John?
   톰과 존 중에 누가 더 큽니까?

❷ Who is (the) tallest, Tom, John or Jim?
   톰, 존, 짐 중에 누가 제일 큽니까?

taller, tallest 뒤의 (,)를 빠뜨려서는 안 된다. 사람에 대해 물을 때에는 who 또는 which를 써도 관계없다. 원칙은 which를 쓰는 것이다.

3. 비교급·최상급의 예외

① 형용사, 부사에서 불규칙적으로 변하는 것이 있다.

- good ⎤
  well ⎦ better – the best

- bad – worse – the worst

- old ⎡ older – the oldest 〈규칙형〉
       ⎣ elder – the eldest 〈불규칙형〉

② 부사의 최상급은 **the**를 생략해도 된다.

I like this painting (the) best of all.
   나는 모든 것 중에서 이 그림을 가장 좋아한다.

He swims (the) fastest of all his classmates.
그는 모든 급우들 중에서 수영을 가장 빠르게 한다.

4. 원급

비교에 관계된 것으로, 비교급·최상급에 이어 세 번째 용법
이 **원급** '~와 같은 …'이다.

Nora is as smart as Paul.
노라는 폴만큼 영리하다.

John can run as fast as Mike.
존은 마이크처럼 빨리 달릴 수 있다.

원급은 형용사, 부사에 as를 사용하여 〈as + 형용사 + as〉,
〈as + 부사 + as〉의 형태로 만들며, '~같은 정도로, ~만큼'이
라는 의미이다.

This crayon is long.
이 색연필은 깁니다.

· **crayon** [kréiən] : 색연필, 크레용 · **long** [lɔːŋ] : 긴

This is a long crayon.
이것은 긴 색연필입니다.

Is this piano new?
이 피아노는 새것입니까?

· **piano** [piǽnou, pjǽnou] : 피아노
· **new** [njuː] : 새로운, 새것인. '낡은' old

I am taller than you.
나는 당신보다 키가 큽니다.

· **taller** [tɔːlər] : ~더 키가 큰
· **than** [ðæn] : ~보다

Tom is taller than I.
톰은 나보다 키가 큽니다.

He is the tallest of the three.
그는 세 사람 중에 키가 가장 큽니다.

· **tallest** [tɔːləst] : 키가 가장 큰

A Is this a new piano?
B Yes, it is.

A 이것은 새 피아노입니까?
B 네, 그렇습니다.

A Is this an easy question?
B No, it is not. It is hard. It is a hard question.

A 이것은 쉬운 질문입니까?
B 아뇨, 쉽지 않습니다. 어렵습니다. 어려운 질문입니다.
· hard [hɑːrd] : 어려운. 같은 의미로 difficult도 자주 쓰인다.

A Who is taller, you or your brother?
B My brother is.

A 당신과 당신 남동생 중에 누가 더 키가 큽니까?
B 제 동생입니다.
· who : 누가 · or : 또는

A Which do you like better, apples or pears?
B I like apples better.

A 사과와 배 중에 어느 것을 더 좋아합니까?
B 사과를 더 좋아합니다.
· which [hwitʃ] : 어느. 의문사이다.
· better [bétər] : 더 좋아하는. like [laik] '좋아하다'와 결합해서 like better가 되면 '~쪽을 더 좋아하다'가 된다.

부사

부사는 문장의 주요 구성 요소는 아니지만 형용사나 동사, 다른 부사, 문장 전체를 수식하여 보조적인 역할을 합니다. 흔히 시간, 방법, 장소 등을 나타냅니다. 부사는 한 단어로 된 것도 있고, 구나 절로 된 것도 있습니다. 여기서 부사에 대해 자세히 알아봅시다.

Lecture 1 ● 부사의 형태

대부분의 부사는 형용사에 **-ly**가 붙어서 만들어 진다. 다음을 살펴보자.

1. 부사 만들기

① 형용사 + **-ly**

quick	+	-ly	→	**quickly** (빨리)
bad	+	-ly	→	**badly** (나쁘게)
slow	+	-ly	→	**slowly** (느리게)
kind	+	-ly	→	**kindly** (친절하게)

② **-y**로 끝나는 형용사는 **y**를 **i**로 고치고 **-ly**를 붙인다.

| happy | → | **happily** (행복하게) |
| easy | → | **eaily** (쉽게) |

③ **-le**로 끝나는 형용사는 e를 빼고 끝에 **-y**만 붙인다.

gentle   →   gent**ly** (상냥하게)

④ **-ue**로 끝나는 형용사는 e를 빼고 -ly를 붙인다.

true   →   tru**ly** (진실로)

* -ly로 끝났다고 모두 부사는 아니다. -ly로 끝나는 형용사도 있다.

lovely (사랑스러)   friendly (친절한)

silly (어리석은)   ugly (못생긴)

2. 형용사와 같은 형태의 부사

fast (빠른, 빠르게)   early (이른, 이르게)

long (긴, 길게)   hard (열심히 ~하는, 열심히)

3. 모양은 비슷하나 뜻이 전혀 다른 부사

near (가까운)   -   nearly (거의)

hard (어려운, 단단한)   -   hardly (거의 ~하지 않다)

late (늦은, 늦게)   -   lately (최근에)

Lecture 2 ● 부사의 위치

부사는 위치가 자유로운 것이 특징이다. 문장의 맨 앞, 중간, 맨 뒤 어디에나 올 수 있다.

① 부사는 동사 뒤에서 수식한다. 하지만 목적어나 보어가 있으면 그 뒤에 쓴다.

Listen carefully. 주의 깊게 들어라.

I opened the door slowly.
나는 문을 천천히 열었다.

② 빈도부사(always, usually, often, sometimes, never 등)의 경우 be동사나 조동사 뒤 또는 일반동사 앞에 온다.

She is always late for class.
그녀는 수업에 언제나 늦는다.

I have never eaten Japanese food.
나는 한 번도 일식을 먹어본 적이 없다.

③ '장소 + 시간'의 순서

I arrived in Seoul *last week.*
나는 지난주에 서울에 도착했다.

She studied at the library *yesterday.*
그녀는 어제 도서관에서 공부했다.

Lecture 3 ● 부사의 비교급과 최상급

① 1음절로 된 부사는 **-er, -est**를 붙인다.

| fast | - | fast**er** | - | fast**est** |
| hard | - | hard**er** | - | hard**est** |

② ly로 끝나는 긴 부사는 **more**와 **most**를 붙인다.

carefully - **more** carefully - **most** carefully

slowly - **more** slowly - **most** slowly

Lecture 4 ● 부사의 종류

1. 의문부사

의문문에 쓰이는 의문사 중 부사의 역할을 하는 것들이 있다. **의문부사**는 시간(when), 장소(where), 방법(how), 이유(why)를 물을 때 쓰인다.

① when : 때를 묻는 의문부사

When are you coming?

너 언제 오니?

② where : 장소를 묻는 의문부사

Where is my book?

내 책 어디 있니?

③ how : 방법/상태를 묻는 의문부사

How are you?

어떠니?

④ why : 이유를 묻는 의문부사

Why did you cry?

너 왜 울었니?

2. 시간부사

before (전에)	soon (곧)
after (후에)	early (일찍)
now (지금)	late (늦게)
yesterday (어제)	today (오늘)
tomorrow (내일)	

Let's go **now**!
지금 가자!

He always arrives **late**.
그는 언제나 늦게 온다.

3. 장소부사

near (가까이)	far (멀리)
forward (앞에)	backward (뒤에)
here (여기)	there (저기)
everywhere (어디든지)	

They live **near** the pond.
그들은 연못 근처에 산다.

The dog is right over **there**.
그 개는 바로 저기에 있다.

4. 빈도부사

sometimes (가끔)　　　usually (대개)

often (자주)　　　always (항상)

seldom (좀처럼 ~않다)　　　never (결코 ~않다)

once (한번)　　　again (다시)

He usually goes to school by subway.
그는 대개 지하철로 학교에 간다.

She is always late for class.
그녀는 언제나 수업에 늦는다.

5. 정도부사

very (매우)　　　really (정말)

too (너무)　　　much (훨씬)

pretty (상당히)　　　quite (꽤)

almost (거의)　　　little (거의 없는)

hardly (거의 ~않다)

I'm very busy now.
나는 지금 매우 바쁘다.

The cookie is too hard.
그 쿠키는 너무 딱딱하다.

She drove slowly.
그녀는 천천히 운전을 했습니다.

- **drove** [drouv] : drive의 과거형
- slowly는 형용사인 slow에 -ly를 붙여 부사가 된 형태로 '천천히' 라는 뜻이다. 부사인 slowly는 동사 drove를 수식한다.

I have never eaten Kimchi.
나는 한 번도 김치를 먹어본 적이 없습니다.

- **never** [névəːr] : 한 번도 ~않다
- never는 빈도부사로 일반동사 앞, 조동사 뒤에 온다.
- **eaten** [íːtn] : eat의 과거분사

Jane arrived at 5:00 p.m.
제인은 오후 다섯 시에 도착했습니다.

- **arrived** [əráivd] : arrive(도착하다)의 과거형
- at은 시간 앞에 붙이는 전치사이다.
- 장소나 시간을 나타내는 부사가 두 개 이상 올 때는 작은 장소나 시간이 먼저 오고, 큰 장소나 시간이 뒤에 온다.

The bread is too hard.
그 빵은 너무 딱딱합니다.

- **bread** [bred] : 빵
- too는 '너무' 라는 의미의 정도부사로 형용사 hard를 수식한다.
- **hard** [hɑːrd] : 딱딱한, 단단한

be동사(am · are · is)는 영어에서 가장 많이 쓰이는 동사입니다. 이는 '~이다, ~있다, ~존재하다' 등으로 해석되며 I am, you are, he is, it is, they are, we are, John is처럼 주어가 무엇인지에 따라 각각 다르게 쓰이므로 틀리지 않도록 잘 연습해 두어야 합니다.

Lecture 1 ● ~은 …입니다.

동사란 사람이나 사물의 동작이나 상태를 나타내는 말로 크게 **be동사, 일반동사, 조동사**로 나눈다.

1. be동사와 인칭

be동사는 모든 동사 중 가장 기본이 되는 동사로 '~이다, 이었다'처럼 **사물과 상태에 대한 설명**을 나타내기도 하고 '~(에) 있었다'처럼 **존재**를 나타내기도 한다. be동사는 주어의 인칭과 수에 따라서 'am · are · is'로 변화한다. 아래의 표를 살펴보자.

	주어	be동사	~(보어)	의미
1인칭	I	am	~.	나는 ~입니다.
2인칭	You	are	~.	당신은 ~입니다.

| 3인칭 | He
She
It | is | ~. | 그는 ~입니다.
그녀는 ~입니다.
그것은 ~입니다. |

I **am** an English teacher.
나는 영어 교사이다.

You **are** beautiful. 당신은 아름답다.
She **is** a friend of mine. 그녀는 내 친구이다.

* we, they를 비롯하여 Jane and I, Mike and Tom같이 주어가 복수
  일 때 → 동사는 are

We **are** friends. 우리는 친구이다.
Nancy and I **are** dentists.
낸시와 나는 치과의사이다.

2. '주어 + be동사'의 축약형

주어와 be동사가 이어져서 하나의 말이 되는 것이 있다. 이
때 be동사의 문자 하나가 생략되고 그 대신에 어퍼스트로피
(')가 붙는다.

	단 수		복 수	
1인칭	I am	I'm	We are	We're
2인칭	You are	You're	You are	You're
3인칭	He is	He's	They are	They're
	She is	She's		
	It	It's		

과거형이란 '~이었다'라는 과거를 말하는 형태이다. 현재형이 인칭과 수에 따라 변하듯이 과거형도 인칭과 수에 따라 변한다. 현재형은 3종류(am·are·is)였지만 과거형은 **was, were** 둘 뿐이다. was는 1인칭 단수 I와 3인칭 단수 he, she, it에 쓰이고 그 외는 모두 were이다.

인칭 \ 수	단수	복수
1인칭	I **was**	we **were**
2인칭	you **were**	you **were**
3인칭	he **was** she **was** it **was**	they **were**

1. 과거형의 의문문

현재형에서와 같이 주어와 동사의 위치를 바꾸고 뒤에 '?'를 붙인다.

Were you happy yesterday?
당신은 어제 행복했습니까?

Was he sad yesterday?
그는 어제 슬펐습니까?

2. 과거형의 부정문

현재형에서와 같이 과거형에서도 not은 was나 were의 뒤에
온다. 위치에 주의하자.

You were not happy yesterday.
당신은 어제 행복하지 않았습니다.

He was not sad yesterday.
그는 어제 슬프지 않았습니다.

3. 과거형의 부정의문문

not이 be동사와 떨어져 있는 경우와 붙어 있는 경우에 주의
하자.

Were you not happy yesterday?
Weren't you happy yesterday?
당신은 어제 행복하지 않았습니까?

Was he not sad yesterday?
Wasn't he sad yesterday?
그는 어제 슬프지 않았습니까?

* weren't = were + not
* wasn't = was + not

일반적으로 일상회화에서는 축약형인 weren't, wasn't형을
사용한다.

① **There is ~.**

이 구문은 영어의 수많은 문형 중에서 〈주어 + 동사〉가
되지 않는 예외형이다. '~이[가] 있다'라는 의미로 주어가
단수일 때는 There is ~. 주어가 복수일 때는 There are
~.를 쓴다.

There **is a vase** on the table.
탁자 위에 꽃병이 하나 있습니다.

There **are two vases** on the table.
탁자 위에 꽃병이 두 개 있습니다.

there는 '거기에'라는 의미이지만 There is ~.의 there에
는 '거기에'라는 의미는 없다. '거기에'라는 의미를 말할
때에는 다시 there를 쓴다.

There is a temple **there**.
거기에 절이 하나 있습니다.

There are two temples **there**.
거기에 절이 둘 있습니다.

그런데 '여기에 ~가 있다'의 here에는 '여기에'라는 의미
가 있다.

Here is a church.
여기에 교회가 하나 있습니다.

78 |

Here are two churches.

여기에 교회가 둘 있습니다.

* temple [témpəl] : 절   church [tʃəːrtʃ] : 교회

셀 수 없는 명사가 올 때는 There is ~.를 쓴다.

There is some milk in the glass.

컵 안에 우유가 있다.

There is a lot of paper on the desk.

책상 위에 종이가 많이 있다.

There isn't any water in the pail.

양동이 안에 물이 하나도 없다.

* pail [peil] : 들통, 양동이

② **Is there ~?**

There is ~.가 의문형이 되면 there와 is를 바꾸어 Is there ~?로 된다. 여기에 부정의 not이 붙으면,

Isn't there ~? (~이 없습니까?)

Is there not ~? (~이 없습니까?)

이 된다. not이 is와 붙었을 때와 떨어졌을 때의 there의 위치에 주의하자. Is not there ~?라고 하면 안 된다. 복수일 때는 Aren't there ~? 또는 Are there not ~?이 된다. 또한 what이 붙으면 What is there ~?나 What isn't there ~?가 된다.

무심코 What are there ~?나 What aren't there ~?로 하지 않도록 주의하자. 이것은 what이 주어일 때는 단수로 받기 때문이다.

Lecture 4 ● 부정 또는 금지를 나타내는 not

not은 '부정 또는 금지'를 나타내며, is에 붙을 때는 is 뒤에 온다. not is라고 하면 안 된다. is not이 바른 어법이며 간단하게 줄여서 isn't로도 쓴다.

This is **not** my book.
이것은 내 책이 아니다.

That umbrella is **not** his.
저 우산은 그의 것이 아니다.

They are **not** good friends.
그들은 사이가 좋지 않다.

I am Tom White.
나는 톰 화이트입니다.

· **I am ~.** : 나는 ~입니다. I는 반드시 대문자로 쓴다.
· **Tom White** : 남자이름. Tom이 이름이고 White가 성이다. 이와 같이 성이 뒤에 온다. 사람 이름은 첫 문자를 반드시 대문자로 쓴다.

You are a teacher.
당신은 선생님입니다.

· **teacher** [tíːtʃəːr] : 선생님

That boy is Bill Davis.
저 소년은 빌 데이비스입니다.

· **that** [ðæt] : That is ~.의 that과는 의미가 다르다.

I was happy yesterday.
나는 어제 행복했습니다.

· **was** [wɑz, wəz] : am 또는 is의 과거형
· **happy** [hǽpi] : 행복한, 즐거운

I am sad today.
나는 오늘 슬픕니다.

· **sad** [sæd] : 슬픈

A Are you a pupil, Tom?
B Yes, I am.

A 톰, 당신은 학생입니까?
B 네, 그렇습니다.

A Are you a teacher, Kate?
B No, I am not.
A What are you, then?
B I am a pupil.

A 케이트, 당신은 선생님입니까?
B 아뇨, 아닙니다.
A 그럼 당신의 직업은 무엇입니까?
B 나는 학생입니다.
· What are you ~?는 직업을 묻는 표현이다.

A Were you idle yesterday?
B No, I was not.

A 당신은 어제 한가했습니까?
B 아뇨, 한가하지 않았습니다.
· idle [áidl] : 한가한

A Wasn't he happy yesterday?
B Yes, he was.

A 그는 어제 행복하지 않았습니까?
B 아뇨, 행복했습니다.
· 부정의문문의 대답은 긍정이면 무조건 Yes, 부정이면 No로 대답한다.
  해석은 Yes를 '아니오', No를 '예' 라고 하므로 주의하자.

Unit 07 일반동사

이 과에서는 get, brush, wash, have, go, carry 등의 동사가 새롭게 등장합니다. be동사를 제외한 대부분의 이와 같은 행위나 동작을 나타내는 동사를 **일반동사**라고 합니다.

have는 앞 과에서 배운 것과 같이 2가지의 용법이 있는데 do 또는 does와 함께 쓰일 때는 일반동사로 취급하고, do나 does와 함께 쓰이지 않을 때는 have동사로 독립해서 취급합니다.

Lecture 1 ● 일반동사

일반동사는 움직임이나 상태를 나타내는 동사로 대부분의 동사가 이에 속한다.

ex) go (가다)　　　come (오다)　　　eat (먹다)

　　listen (듣다)　　walk (걷다) 등

I **go** swimming in the sea.
나는 바다로 수영하러 간다.

Jane **listens** to music every day.
제인은 매일 음악을 듣는다.

We **walk** together.
우리는 함께 걸어요.

❶ I **do** my homework at night. 〈일반동사〉
나는 밤에 숙제를 합니다.

❷ I **do** not eat breakfast at six. 〈조동사〉
나는 6시에 아침을 먹지 않습니다.

❸ **Do** you brush your teeth every morning?
당신은 매일 아침 이를 닦습니까? 〈조동사〉

❹ Yes, I **do**(brush my teeth every morning).
네, 그렇습니다. 〈대동사〉

❶의 do는 '하다' 라는 의미의 **일반동사**이다. ❷와 ❸의 do는 뒤에 각각 eat이나 brush라는 일반동사를 도와주는 역할을 하고 있다는 의미로 **조동사**라고 부른다. ❹의 do는 같은 말의 반복을 피하기 위해 쓰인 것이므로 **대동사**이다. I나 you 가 he 또는 she(3인칭 단수)가 되면 do는 does가 되는 것도 같다.

Lecture 3 ● have의 의미

have에는 '**가지다**' 라는 의미 외에 '**먹다**' 라는 의미가 있다. 영어는 '다의어' 여서 한 단어가 여러 의미를 지니고 있다. 항상 문장의 전후관계에서 어떤 의미로 쓰였는지를 판단해야 한다.

또 하나의 예로 box가 있다. '상자'라는 의미는 누구나 알고 있을 것이다. 그러나 명사로서 '상자'라는 의미 외에 동사로 '상자에 넣다', 식물의 '회양목'도 box이다. 따라서 문장의 전후관계에서 판단하는 것이 중요하다.

He has a pen (in his hand).
그는 (손에) 펜을 갖고 있다.

He has a pet dog.
그에게는 애완견이 있다.

May I have your name, please?
성함을 말씀해 주시겠습니까?

I am having breakfast[lunch, supper].
나는 아침[점심, 저녁]식사를 하고 있다.

Lecture 4 ● 일반동사의 과거형

일반동사의 과거형을 만드는 방법에는 ① 동사의 어미에 -ed 또는 -d를 붙여서 과거형을 만드는 경우와 ② 과거형이 되면 형태가 바뀌는 두 종류가 있다. ①과 같은 동사를 **규칙동사**, ②와 같은 동사를 **불규칙동사**라고 한다. 불규칙동사는 규칙동사보다 훨씬 수가 적으므로 하나하나 외워두자.
보통 사전 뒤에 불규칙동사표가 실려 있으므로 참고하자.

① 규칙동사 : **-ed**나 **-d**를 붙이면 된다.

watch (보다) → watch**ed** (보았다)

listen (듣다) → listen**ed** (들었다)

play (놀다) → play**ed** (놀았다)

cook (요리하다) → cook**ed** (요리했다)

want (원하다) → want**ed** (원했다)

② 불규칙동사 : **-ed**가 붙지 않고 불규칙적으로 변한다.

do (하다) → **did** (했다)

go (가다) → **went** (갔다)

drink (마시다) → **drank** (마셨다)

have (가지다) → **had** (가졌다)

write (쓰다) → **wrote** (썼다)

Lecture 5 ● 규칙동사의 과거형 만들기

① 일반적으로 동사의 어미에 **-ed**를 붙인다.

watch (보다) → watch**ed** (봤다)

② 동사의 어미가 **-e**로 끝나는 말은 **-d**만 붙인다.

like (좋아하다) → like**d** (좋아했다)

③ 동사의 어미가 **-y**로 끝나고 그 앞이 자음일 때는 **y**를 **i**로 고치고 **-ed**를 붙인다.

study (공부하다) → stud**ied** (공부했다)

④ -y 앞이 모음일 때는 y를 그대로 두고 -ed를 붙인다.

enjoy (즐기다)　→　enjoy**ed** (즐겼다)

Lecture 6 ● -ed의 발음

① ed는 대개 [d]로 발음된다. 단, 동사의 어미가 성대를 울리지 않는 음(무성음이라고 한다)일 때는 [t]로 발음한다.

work**ed** [wə́ːrkt] (일했다)

hop**ed** [houpt] (바랐다)

② 동사의 어미가 [t] 또는 [d]로 끝나는 말의 -ed는 [id]로 발음된다.

need**ed** [níːdid] (필요했다)

want**ed** [wɔ́(ː)ntid] (원했다)

Lecture 7 ● 과거형의 의문문과 부정문

일반동사 과거형의 의문문, 부정문에는 반드시 did, did not(didn't)이 사용된다.

A **Did** you watch TV?
　텔레비전 봤어요?

B No, I **did not** (watch TV).
　아뇨, 보지 않았어요.

Did you **not** watch TV?
Didn't you watch TV?
텔레비전을 보지 않았나요?

* didn't는 did not의 단축형

일반적으로 일상회화에서는 didn't형을 사용한다.

I get up early in the morning.
나는 아침에 일찍 일어납니다.

· **get up** [get ʌp] : 일어나다 · **early** [ɔ́ːrli] : 일찍
· **in** : ~에. 때를 나타내는 전치사

I brush my teeth.
나는 이를 닦습니다.

· **brush** [brʌʃ] : 닦다

I wash my face and hands.
나는 얼굴과 손을 씻습니다.

· **wash** [wɑʃ] : 씻다

I have breakfast at seven.
나는 7시에 아침을 먹습니다.

· **have** [hæv] : 먹다. 같은 의미로 eat [iːt]이나 take [teik]가 있는데, take는 주로 영국에서 쓴다.

I go to school at eight.
나는 8시에 학교에 갑니다.

· **go** [gou] : 가다. go to school '학교에 가다'. school 앞에 관사를 붙이지 않는다. 공부하러 가는 것이므로 a나 the를 붙여서 건물이라는 느낌을 줄 필요가 없다.

I watched TV yesterday.
나는 어제 텔레비전을 봤습니다.

· **watched** [wɑtʃt] : '봤다, 바라봤다'. watch의 과거형. 텔레비전을 보는 것은 watch이다.

Dialog

A **What time do you go to school?**
B **I go to school at eight.**

> A 당신은 몇 시에 학교에 갑니까?
> B 나는 8시에 학교에 갑니다.

A **What time do you have lunch?**
B **I have lunch at twelve noon.**

> A 당신은 몇 시에 점심을 먹습니까?
> B 나는 정오 12시에 점심을 먹습니다.

A **What did you do yesterday?**
B **I wrote a letter to my parents.**

> A 당신은 어제 무엇을 했습니까?
> B 저는 부모님께 편지를 썼습니다.

· **did** [did] : do의 과거이지만, 여기서는 일반동사 do를 돕는 조동사
· **wrote** [rout] : write의 과거형
· **parents** [péərənts] : 부모. 아버지나 어머니 한 분만 가리킬 때는
  parent

A **Did you play rugby, too?**
B **No, I didn't. I studied English at home.**

> A 당신도 럭비를 했습니까?
> B 아뇨, 하지 않았습니다. 저는 집에서 영어공부를
>   했습니다.

· **studied** [stʌ́did] : 공부했다. study의 과거형
· **at home** : 집에서

현재진행형

현재진행형은 'be동사 + -ing'의 형태로 현재 진행되고 있는 동작을 표현할 때 사용하며 '~하고 있는 중이다.'라고 해석됩니다. 현재진행형의 부정문과 의문문을 어떻게 만드는지 알아보고 현재진행형을 이용하여 현재 하고 있는 동작을 생생하게 표현해 봅시다.

Lecture 1 ● be동사 + -ing

'be동사(am · are · is) + -ing'로 이루어진 형태를 **진행형**이라 하며, 이것은 '~하고 있는 중이다, ~하고 있다'라는 의미를 나타낸다.

am · are · is '지금(현재) ~이다'라는 의미의 be동사와 결합되어 있어서 **현재진행형**이라고 한다. 현재진행형을 이용하면 현재 하고 있는 동작을 생생하게 표현할 수 있다.

❶ I **read** the book.
❷ I **am reading** the book.

❶은 '책을 읽는다'라는 동작을 나타내고 있는 것뿐인데 비해 ❷는 '지금 현재 책을 읽고 있는 중이다'라는 현재의 상황을 생생하게 나타낸다.

회화에서는 현재진행형이 **예정이나 가까운 미래**를 나타내는 표현으로 자주 쓰인다.

He is arriving at Kimpo tomorrow.
그는 내일 김포에 도착할 것이다.

I'm finishing the work in an hour.
나는 한 시간 후에 그 일을 끝낼 것이다.

What are you **doing** this weekend?
당신은 이번 주말에 무엇을 할 예정입니까?

위의 문장은 가까운 미래를 나타내는 **be going to** ~로 바꿔 쓸 수 있다.

He is going to arrive at Kimpo tomorrow.
I'm going to finish the work in an hour.
What are you **going to** do this weekend?

Lecture 2 ● 현재진행형의 부정문과 의문문

1. 부정문

She is playing the violin.
그녀는 지금 바이올린을 연주하고 있습니다.

She is *not* **playing** the violin.
그녀는 지금 바이올린을 연주하고 있지 않습니다.

현재진행형의 부정형이다. not은 is의 뒤에 온다는 것을 알아두자.

2. 의문문

Is she **playing** the violin?

그녀는 지금 바이올린을 연주하고 있습니까?

be동사(is)가 첫머리에 오고 주어는 그 뒤에 온다.

3. 부정의문문

Isn't she **playing** the violin?

그녀는 지금 바이올린을 연주하고 있지 않습니까?

Is she **not playing** the violin?

그녀는 지금 바이올린을 연주하고 있지 않습니까?

not이 is와 결합한 경우와 떨어져 있는 경우에 문장의 순서가 어떻게 되어 있는지 잘 살펴보자. 이것이 중요한 점이다. 일반적으로 일상회화에서는 isn't형이 쓰인다.

Lecture 3 ● -ing 붙이기

① 어미에 **-ing**를 붙인다.

    read   + -ing   → read**ing**

② 어미가 **-e**로 끝나는 말은 **-e**를 없애고 **-ing**를 붙인다.

    write   + -ing   → writ**ing**

③ 단모음일 경우에는 자음을 중복시키고 **-ing**를 붙인다.

    cut   + -ing   → cut**ting**

I am singing (a song).
나는 노래를 부르고 있습니다.

· **am singing** [síŋiŋ] : 노래를 부르고 있다
· **a song** [sɔ(:)ŋ] : '노래'는 생략할 수 있다

Tom is reading (a book).
톰은 책을 읽고 있습니다.

· **is reading** : 책을 읽고 있다
· a book은 생략할 수 있다.

Mary is writing (a letter).
메리는 편지를 쓰고 있습니다.

· **is writing** : 편지를 쓰고 있다
· a letter는 생략할 수 있다.

Dialog

A What are you doing now?
B I am playing the piano.

    A   당신은 지금 무엇을 하고 있습니까?
    B   저는 피아노를 치고 있습니다.
 · **am playing** : 치고 있다. 악기 앞에는 the를 붙인다.

A What is he doing?
B He is laughing.

    A   그는 무엇을 하고 있습니까?
    B   그는 웃고 있습니다.
 · **is laughing** [lǽfiŋ] : 웃고 있다

A What are they doing?
B They are playing baseball.

    A   그들은 무엇을 하고 있습니까?
    B   그들은 야구를 하고 있습니다.
 · **are playing baseball** : 야구를 하고 있다. play는 스포츠를 나타내는 말과 함께 쓰이면 '~하다'라는 의미가 된다. 스포츠 앞에 a나 the는 붙이지 않는다.

Unit 09 과거진행형

이 과에서는 '~하고 있었다.'라는 과거에 동작이 진행 중이었음을 나타내는 **과거진행형**을 배웁니다. 'be동사의 과거형 + -ing'로 나타내며 주어가 1인칭 단수인 I와 3인칭 단수인 he, she, it일 때만 was이고 나머지는 모두 were를 씁니다. 과거의 어느 때를 나타내는 단어와 함께 쓰여 과거진행형을 나타내기도 합니다.

Lecture 1 ● 과거진행형 만들기

앞에서 현재진행형을 배웠는데 이 과에서는 '~하고 있었다'라는 과거에 동작이 진행 중이었음을 나타내는 문형을 배운다. 이 문형을 **과거진행형**이라고 하며

> be동사의 과거형(was / were) + **-ing**

로 나타낸다.

I was milking a cow.
나는 우유를 짜고 있었습니다.

You were watering the flowers.
당신은 꽃에 물을 주고 있었습니다.

주어가 1인칭 단수인 I와 3인칭 단수인 he, she, it일 때만 **was**이고 나머지는 모두 **were**이다.

과거진행형은 과거의 어느 때를 나타내는 단어(at that time, when 등)와 함께 쓰인다.

He was sleeping *at that time*.

그는 그때 자고 있었습니다.

Tom was listening to music *when* I entered the room.

내가 방에 들어갔을 때 톰은 음악을 듣고 있었습니다.

She was thinking about her test *while* she was driving a car.

그녀는 차를 운전하는 동안 시험에 대해 생각하고 있었습니다.

Lecture 2 ● 과거진행형의 부정문

부정문을 만들 때에는 **not**을 넣는다. not은 was 또는 were의 뒤에 온다.

He was *not* **milking** a cow.

그는 우유를 짜고 있지 않았습니다.

You were *not* **watering** the flowers.

당신은 꽃에 물을 주고 있지 않았습니다.

Lecture 3 ● 과거진행형의 의문문

① 의문문을 만들 때에는 주어와 동사의 위치를 바꾼다.

Was he milking a cow?

그는 우유를 짜고 있었습니까?

Were you watering the flowers?

당신은 꽃에 물을 주고 있었습니까?

② not의 위치와 **wasn't, weren't**의 용법에 주의하자.

Were you not watering the flowers?

Weren't you watering the flowers?

당신은 꽃에 물을 주고 있지 않았습니까?

Was he not milking a cow?

Wasn't he milking a cow?

그는 우유를 짜고 있지 않았습니까?

일상회화에서는 wasn't, weren't형을 사용한다.

Lecture 4 ● 의문사 + 과거진행형

의문사를 포함한 의문문은 다음과 같이 만든다.

What was he doing?

그는 무엇을 하고 있었습니까?

→ He was watering the flowers.

그는 꽃에 물을 주고 있었습니다.

Where was he watering the flowers?

그는 어디에서 꽃에 물을 주고 있었습니까?

→ He was doing in the garden.

그는 정원에서 물을 주고 있었습니다.

I was reading a newspaper.
나는 신문을 읽고 있었습니다.

· **newspaper** [njúːzpèipəːr] : 신문. 줄여서 paper라고도 한다.

I was writing a letter at that time.
나는 그때 편지를 쓰고 있었습니다.

· **write a letter** : 편지를 쓰다
· **at that time** : 그때, 당시에

We were watching a video.
우리는 비디오를 보고 있었습니다.

· **watch** [wɑtʃ] : ~을 보다

What were you doing at 10:00 last night?
어젯밤 10시에 무엇을 하고 있었습니까?

· **last** [læst] : 지난, 바로 요전의

We were walking in the park when it began to rain.
우리는 비가 내리기 시작했을 때 공원을 걷고 있었습니다.

· **walk** [wɔːk] : 걷다
· **began** [bigǽn] : 시작했다 〈begin의 과거형〉

A **What were you doing?**
B **I was playing pingpong.**

A 당신은 무엇을 하고 있었습니까?
B 저는 탁구를 치고 있었습니다.
· **pingpong** [píŋpàŋ] : 탁구

A **Was she milking a cow?**
B **No, she was working in the kitchen.**

A 그녀는 우유를 짜고 있었습니까?
B 아뇨, 부엌에서 일하고 있었습니다.
· **milk** [milk] : 여기서는 동사로 '우유를 짜다'

A **Was he watering the flowers?**
B **No, he was playing in the open air.**

A 그는 꽃에 물을 주고 있었습니까?
B 아뇨, 밖에서 놀고 있었습니다.
· **water** [wɔ́ːtəːr] : 여기서는 동사로 '물을 주다' 라는 의미이다.
· **in the open air** : 밖에서. 여기의 open은 '널찍한' 이라는 의미의 형용사. air는 '공기, 대기'

현재완료

현재완료는 현재를 기준으로 과거로부터 현재에 이르는 때를 나타내며, 일이 완료된 경우, 과거의 행위가 현재까지 영향을 미치는 경우, 경험을 표현하는 경우와 과거부터 현재까지 계속되는 경우를 표현합니다. 우리말에는 현재완료라는 시제가 없어서 우리말로 옮겼을 때 과거와 구분이 안 되므로 잘 이해해야 합니다.

Lecture 1 ● 현재완료란 무엇인가?

> **have / has** + 과거분사

를 **현재완료형**이라고 한다. 현재완료형을 만들 때 사용한 '과거분사'란 동사의 3번째 변화형, 예를 들면 see에서는 see - saw - seen의 seen을 가리킨다.

현재완료는 과거의 어느 시점에서부터 현재의 상태를 나타내며 크게 **경험**, **완료**, **계속**, **결과** 4가지 용법이 있다.

Lecture 2 ● 현재완료 - 경험

과거의 어느 시점에서부터 현재까지의 **경험**을 의미한다.

I have seen her once.
나는 그녀를 한 번 본 적이 있다.

이와 같이 경험했던 일은 현재완료형으로 나타낸다. 과거형을 써도 의미는 통하지만 문법적으로는 틀리다.

Have you ever **seen** an elephant?
당신은 코끼리를 본 적이 있습니까?

→ Yes, I have (seen one before).
네, 전에 본 적이 있습니다.

→ No, I have not.
아뇨, 본 적이 없습니다.

→ No, I never have.
아뇨, 전혀 본 적이 없습니다.

'코끼리를 본 적이 있습니까?'라고 현재까지의 경험을 묻는데 대해 긍정 또는 부정으로 대답하고 있다.

ever는 의문문과 부정문에만 쓰이고 긍정문에서는 쓰지 않는다. 따라서 I have ever seen him.이라고 하면 안 된다.

never는 not과 ever가 결합된 것으로 강한 부정을 나타낸다. 위 예문의 마지막 문장에 있는 never의 위치에 주의하자. I have never.라고 하면 안 된다. 그러나 생략하지 않는 형으로 말하는 I have never seen an elephant.에서 never는 have 뒤에 온다.

'~에 간 적이 있다'라고 할 때는 **have[has] been to ~** 를 쓴다.

have[has] gone to ~가 아니라 have[has] been to ~를 쓴다는 것을 기억하자.

I have been to France before.

나는 전에 프랑스에 간 적이 있습니다.

Has your sister **been to** Japan?

당신의 여동생은 일본에 간 적이 있습니까?

Lecture 3 ● 현재완료 - 완료

과거의 어느 시점에서 해오던 동작이 방금 **완료**된 것을 의미
한다.

I have just **finished** my job.

나는 방금 일을 끝냈습니다.

'이미 ~했다'라는 의미를 나타내는 것이 **완료적 용법**이다.
just가 들어가면 '지금 막 ~했다'라는 의미가 된다.
just 대신에 now도 쓸 수 있지만 완료형에서 just와 now를
함께 쓸 수는 없다.

I have **just** finished my job.　　　（ ○ ）

I have **now** finished my job.　　　（ ○ ）

I have **just now** finished my job.　（ × ）

현재완료형은 항상 현재에 중점을 두므로 과거를 나타내는
부사와 함께 사용할 수 없다.

과거를 나타내는 부사는 yesterday, the day before
yesterday, two month ago, three years ago 등이다.

yesterday나 ago 등과 함께 쓰이지 않는 것은 현재완료형은 과거의 일이 아니라 과거에서의 흐름이 현재 어떻게 되어 있는가를 나타내기 때문이다.

다음 문장은 모두 틀린 표현이다.

I've washed the car **five minutes ago**.　　　(×)

Jane has received a letter **yesterday**.　　　(×)

Tom has lived in New York since **two years ago**.　(×)

완료의 의문문, 부정문에는 흔히 **yet**을 쓴다. yet은 의문문에서는 '벌써, 이제'라는 뜻으로, 부정문에서는 '아직 ~않다'라는 뜻으로 다르게 해석된다.

Have you done your homework **yet**?
당신은 벌써 숙제를 다 했나요?

She hasn't finished her dinner **yet**.
그녀는 아직 저녁식사를 끝내지 않았어요.

Lecture 4 ● have been to의 2가지 의미

❶ **Have** you ever **been to** Korea?
한국에 가본 적이 있습니까?

❷ **Have** you **been to** the hospital?
병원에 갔다 왔습니까?

❶은 경험, ❷는 완료를 나타낸다. have been to 외에 have been in도 쓸 수 있다. in을 쓸 때에는 상태를 나타낸다.

Have you **been in** Korea?

한국에 산 적이 있습니까?

Lecture 5 ● 현재완료 - 계속

❶ I **have lived** here *for* five years.

나는 5년 동안 여기에 살고 있습니다.

❷ She **has been** ill *since* last Monday.

그녀는 지난 월요일부터 앓고 있습니다.

❸ She **has been** dead *for* six years.

그녀는 죽은 지 6년 되었습니다.

❶은 5년 전부터 지금까지 5년 동안 살고 있다는 의미이고 ❷
는 지난 월요일부터 지금까지 앓고 있다는 의미이다.

last Monday는 지난 주 월요일만을 나타내는 것은 아니다.
예를 들면 오늘이 일요일인 경우는 지난 주 월요일이 되지만
수요일일 경우에는 금주 월요일을 가리킨다.

❸은 '그녀는 지금까지 5년 동안 죽어 있다.'라는 의미인데
이것은 우리말로 하면 부자연스럽다. 영어와 우리말의 어법
차이를 잘 알아두자. 그런데 영어에서도 '그녀는 죽은 지 5
년 되었다.'라고 말하는 방법도 있다.

❸′ It is five years **since** she died.

❸″ Five years have passed **since** she died.

 * dead는 '죽은'이라는 형용사, die [dai]는 '죽다'라는 동사이다.

❷의 since와 ❸' ❸"의 since는 모두 '~이래로'라는 뜻이다. 그러나 ❷의 since는 명사 앞에 놓여서 전치사 역할을 하고 있지만 ❸' ❸"의 since는 앞뒤의 2개의 문장을 연결하는 역할을 하고 있다. 이와 같이 연결하는 역할을 하는 말을 문법 용어로는 **접속사**라고 한다.

Lecture 6 ● 현재완료 - 결과

과거 동작의 **결과**로 처해진 상황을 나타낼 때 쓰인다.

My mother has gone to Europe.
어머니는 유럽에 가 계신다.

I have lost my pencil.
나는 연필을 잃어버렸다.

Several American have won the Nobel Prize.
몇몇 미국인이 노벨상을 받았다.

'완료'인지 '결과'인지 명확하게 구별할 수 없을 때가 종종 있다. 예를 들면 다음과 같은 문장이다.

He has left New york.

❶ 그는 지금 뉴욕을 떠났다. 〈완료〉
❷ 그는 뉴욕을 떠나버렸다. (그래서 지금 뉴욕에 없다.) 〈결과〉

❷는 '없음'이 강조되어 있다. 전후의 문맥을 보고 어느 것인지 판단하면 되며 일부러 완료, 결과를 구별할 필요는 없다.

'현재까지의 계속'의 의미를 나타내는 방법으로 **현재완료진행형**을 이용할 수 있다. 현재완료진행형은 **have 또는 as + been + -ing**이다.

❶ I **have been studying** English for five years.

나는 영어를 5년 동안 공부하고 있습니다.

❷ I **have studied** English for five years.

나는 영어를 5년 동안 공부하고 있습니다.

❶❷는 모두 같은 의미이지만 ❶쪽이 지금까지 5년 동안 영어를 배우고 있다는 느낌이 더 잘 전해진다.

현재완료형의 have, has는 단축형도 가능하다.

I have	→ I've	You have	→ You've
He has	→ He's	She has	→ She's
We have	→ We've	They have	→ They've

I have seen a lion.
나는 사자를 본 적이 있습니다.

· **seen** [si:n] : see '보다'의 과거분사

He has seen a tiger.
그는 호랑이를 본 적이 있습니다.

He has just written a letter.
그는 방금 편지를 다 썼습니다.

· **written** [rítn] : write의 과거분사. write-wrote-written.
 철자에 주의하자.

He has lived there for ten years.
그는 10년 동안 거기에 살고 있습니다.

She has been dead for six years.
그녀가 죽은 지 6년 되었습니다.

· **dead** [ded] : 죽은. 형용사이다.

I have been studying English for eight years.
나는 지금까지 8년 동안 영어를 배우고 있습니다.

Dialog

A **Have you ever seen an elephant?**
B **Yes, I have (seen one before).**
No, I have not.
No, I never have.

A 당신은 코끼리를 본 적이 있나요?
B 네, (전에 본 적이) 있습니다.
아뇨, 없습니다.
아뇨, 전혀 본 적이 없어요.

- **ever** [évər] : 지금까지. ever는 이런 의미로는 의문문과 부정문에만 쓰인다. Have you ever seen ~? 대신에 Did you ever see ~?라 고도 할 수 있다.
- **seen one before** : one은 1개를 의미하는 것이 아니고 an elephant 대신 쓰인 것이다.
- **before** [bifɔ́:r] : 전에. 부사이다.
- **never** [névər] : 결코 ~하지 않다. 이와 같이 줄여서 말하는 형에서 never는 have 앞에 온다. I have never.라고는 하지 않는다.

A **Have you finished your homework?**
B **Yes, I have (finished it).**

A 숙제는 마쳤습니까?
B 네, 끝냈습니다.

A **How long has your mother been sick?**
B **She has been sick since last Monday.**

A 당신 어머니는 아프신 지 얼마나 되었습니까?
B 지난 월요일부터입니다.

- **sick** [sik] : 몸이 아픈   · **since** [sins] : ~이래, ~부터

동사의 미래

미래형에는 조동사 will이나 be going to(~일 것이다, ~이겠다)를 사용합니다. 미래의 일은 지금부터 단 1초 뒤의 일이라도 미래형으로 말해야 하며, 간단하게 will을 쓰면 미래를 나타내는 문장이 됩니다. will 뒤에는 항상 동사의 원형이 온다는 것을 기억해 둡시다.

Lecture 1 ● will의 용법

① '~일 것이다, ~이겠다'라고 미래의 일을 말하는 용법이다. 이와 같은 문을 **미래형**이라고 한다.

It will be fine tomorrow.
내일은 맑을 것입니다.

It will be cloudy the day after tomorrow.
모레는 흐릴 것입니다.

It is ~.는 현재형이지만 will이 사이에 들어가면 be동사는 원형인 be가 된다.

② '~할 겁니까?, ~할 겁니다'와 같이 앞으로의 일에 관하여 의지를 말할 때는

Will you go on a picnic next Sunday?
다음 일요일에 소풍을 갈 겁니까?

Yes, I will.
네, 갈 겁니다.

Will you ~?는 you의 의지를 묻는 것이고, I will에서는 I
의 의지가 담겨 있다.

③ won't는 will not의 단축형이다.

want [wɑnt]와 발음이 비슷하므로 혼동하지 않도록 주의
하자. won't [wount]이다.

④ 의문문과 부정문

의문형은 will이 문장의 첫머리에 오고 부정일 때는 not이
결합된다.

Will you go to the movies next Sunday?
다음 일요일에 영화 보러 갈 겁니까?

No, I will not[won't].
아뇨, 가지 않을 겁니다.

Lecture 2 ● Shall I ~?와 Shall we ~?

will과 shall은 구별해서 썼지만 지금은 모두 will을 쓴다.
shall은 허락을 요청하는 **Shall I ~?**와 무엇을 제안하거나
권유하는 **Shall we ~?** 등의 표현만 알아두자.

What shall I do?
제가 무엇을 할까요?

Shall we go? 우리 갈까요?

be going to는 **가까운 미래**를 표현하며 3가지 의미가 있다.

① 지금 ~하려고 하다

It is going to rain.
이제 곧 비가 내릴 것이다.

② ~할 작정이다 〈의지 · 예정〉

I am going to tell the truth.
나는 진실을 말할 작정입니다.

③ ~할 것이다 〈미래형 will과 거의 같은 의미〉

He is going to see us very often.
그는 자주 우리를 만나러 올 것이다.

이와 같이 be going to는 여러 가지 의미로 사용된다. 회화에서는 will보다 더 많이 쓴다. 이 외에 be about to도 미래를 나타내며 '곧 ~하려고 한다' 라는 의미이다.

* **be going to**로 나타내는 시제는 가까운 미래이다. 언제부터 언제까지가 가까운 미래인지는 정해져 있지 않지만, 1년 이상의 일에는 쓰지 않는다. 반년 정도까지의 일에 be going to가 쓰인다고 기억해 두자. 반년 이상의 미래는 **will**을 쓴다. 또 will은 가까운 미래와 먼 미래에 같이 쓸 수 있다.

be going to를 이용한 문장의 의문문과 부정문은 다음과 같이 만든다.

① 보통문

He is going to write a letter.

그는 편지를 쓸 것이다.

② 의문문

Is he going to write a letter?

그가 편지를 쓸까요?

③ 부정문

He is *not* going to write a letter.

그는 편지를 쓰지 않을 것이다.

It will be fine tomorrow.
내일은 맑을 것입니다.

· it은 날씨를 나타내는 비인칭주어이다.
· will [wil] : ~일 것이다, ~이겠다
· fine [fain] : 맑은

I am going to drive home.
나는 차로 집으로 돌아갈 것입니다.

· am going to ~ : ~할 작정이다. '가는 중이다' 라는 의미의 am going과 다르다.
· home [houm] : 집에. 여기서는 부사로 쓰였다.

He is going to ride the jet.
그는 제트기를 탈 예정입니다.

She is going to buy some English books.
그녀는 영어책을 두세 권 살 것입니다.

· buy [bai] : 사다
· some [sʌm] : 몇 개의

Dialog

A Will it be fine tomorrow?
B No, it will be rainy.

> A 내일은 맑을까요?
> B 아뇨, 비가 올 겁니다.

A Will you go on a picnic next Sunday?
B Yes, I will.

> A 다음 일요일에 소풍 갈 겁니까?
> B 네, 갈 겁니다.
> · next [nekst] : 다음의

A What shall I do?
B Help me with my work.

> A 제가 무엇을 할까요?
> B 제 일을 도와주세요.
> · shall I ~? : ~할까요?   · help [help] : 돕다
> · with [wið] : ~에 관하여   · work [wəːrk] : 일

A Are you going to tell the truth?
B Yes, I am.

> A 당신은 진실을 말할 겁니까?
> B 네, 그렇습니다.
> · truth [truːθ] : 사실. 보통 앞에 the가 붙는다.

조동사 can

조동사는 동사를 도와주는 보조 역할을 합니다. 동사와 함께 있어야 그 진가가 발휘되는 것입니다. 대표적 조동사로는 can, will, shall, must 등이 있으며, 여기서는 can에 대해 배워봅니다. can은 가능이나 능력의 의미를 더해주는 조동사로 뒤에는 반드시 동사의 원형이 오며 be able to로 바꿔 쓸 수 있습니다.

Lecture 1 ● 조동사

조동사는 말 그대로 '동사를 도와주는 말'을 의미한다. 즉, 동사만으로 뜻을 명확히 전달할 수 없을 때 조동사를 함께 사용한다. 대표적인 조동사에는 can, may, must, shall, will 등이 있다. 조동사의 용법으로 한 가지 알아두어야 할 사항은 do, does를 빼고 주어가 3인칭 단수일 지라도 -(e)s를 붙이지 않는다는 것이다. 그리고 조동사 뒤에는 반드시 **동사원형**이 온다.

He **can cook** well. 그는 요리를 잘 할 수 있다.

다음과 같이 쓰이지 않는다.

He can cooking well.
He can cooks well.

① can은 '~할 수 있다'는 뜻으로 가능·능력을 나타낸다.

I speak English.
→ I **can speak** English.

He speaks English.
→ He **can speak** English.

He brushes his teeth.
→ He **can brush** his teeth.

② 이 외에 '~일 수 있다, ~일지도 모른다, ~해도 좋다' 등의
뜻으로도 사용된다.

Mira can be a fashion model.
미라는 패션모델이 될 수도 있다.

John can be there now.
존은 이제 그곳에 도착했을지도 모른다.

You can keep the book until next Sunday.
당신은 다음 일요일까지 그 책을 갖고 있어도 된다.

③ Can you ~?는 어떤 일을 부탁할 때도 쓰인다.

Can you pass me the salt?
소금 좀 건네주시겠습니까?

do가 does로 바뀌듯이 영어는 수와 인칭에 따라서 동사의
'어미'가 바뀐다. speak나 brush는 주어가 3인칭 단수일 때

는 각각 speaks, brushes(-sh로 끝나는 말은 -es를 붙인다)
가 된다. 그런데 주어와 동사 사이에 can이 오면 이런 어미변
화는 일어나지 않는다.

Lecture 3 ● can의 부정문과 의문문

① can의 부정형은 3가지가 있다.

일반동사의 경우 부정문을 만들 때 'do/does not'을 사용
하지만 조동사의 경우에는 '조동사 + not'을 사용한다.

❶ I cannot speak French.
나는 프랑스어를 말할 수 없습니다.

❷ I can not speak French.
나는 프랑스어를 말할 수 없습니다.

❸ I can't speak French.
나는 프랑스어를 말할 수 없습니다.

보통 ❶의 cannot [kǽnɑt, kənt]이나 ❸의 can't [kænt,
kɑːan't]를 많이 쓴다. ❸은 ❶의 단축형으로 회화에 많이 쓰
는 형이다. ❷는 공손한 어법이다.

② 의문문에서 can은 문장의 첫머리에 온다.

You can speak French.
당신은 프랑스어를 말할 수 있습니다.

→ Can you speak French?
당신은 프랑스어를 말할 수 있습니까?

He can speak English **well**.
그는 능숙하게 영어를 할 수 있습니다.

He can speak English **a little**.
그는 영어를 약간 할 수 있습니다.

He cannot speak English **at all**.
그는 영어를 전혀 할 수 없습니다.

well, a little, at all을 **부사** 또는 **부사구**라고 한다. '부사'란 동사를 수식하는 역할을 하는 말이고, '구'란 둘 이상의 낱말이 모여서 하나의 의미를 갖는 말이다. 여기에서는 a little 과 at all이 '구'이다. at all은 not과 함께 쓰인다.

I can speak English well.

나는 영어를 능숙하게 말할 수 있습니다.

- **can** [kæn] : ~할 수 있다
- **speak** [spi:k] : 말하다
- **well** [wel] : 잘, 능숙히

Can I use your dictionary?

제가 당신의 사전을 사용해도 될까요?

- **dictionary** [díkʃənèri] : 사전

Can I have a cup of coffee?

커피 한 잔 주실래요?

- **a cup of** : ~한 잔
- coffee는 셀 수 없는 물질명사이기 때문에 a cup of를 쓴다.

We cannot be too careful of our health.

건강에 대해 아무리 주의해도 지나치지 않다.

- **cannot** (동사) **too** (형용사) : 아무리 ~해도 지나치지 않다
- **careful** [kéərfəl] : 주의 깊은
- **health** [helθ] : 건강

Dialog

A **Can you speak French?**
B **No, I cannot. I can speak English a little.**

A 당신은 프랑스어를 말할 수 있습니까?
B 아뇨, 할 수 없습니다. 저는 영어를 조금 말할 수 있습니다.

- **French** [frentʃ] : 프랑스어
- **a little** [ə lítl] : 약간. a를 빠뜨리지 않도록 주의하자.

A **Can you read German?**
B **Yes, I can. I can read and write German.**

A 당신은 독일어를 읽을 수 있습니까?
B 네, 읽을 수 있습니다. 저는 독일어를 읽고 쓸 수 있습니다.

- **read** [riːd] : 읽다
- **German** [ʤə́ːrmən] : 독일어
- **write** [rait] : 쓰다. w는 발음되지 않는다.

A **Can George speak French?**
B **Yes, he can. He can speak French and German well.**

A 조지는 프랑스어를 말할 수 있습니까?
B 네, 말할 수 있습니다. 그는 프랑스어와 독일어를 잘 할 수 있습니다.

- **George** [ʤɔːrʤ] : 남자 이름

have와 대동사 do

have는 '가지다'라는 뜻의 동사로 주어가 3인칭 단수(she, she, it)일 경우에는 has로 씁니다. 인칭과 수에 따라 have 또는 has로 쓸 수 있으므로 주어가 무엇인지 잘 살펴보고 have 동사를 써야 합시다. 그리고 have가 있는 문장을 의문 문으로 바꿀 때는 동사 do가 필요하다는 것도 알아둡시다.

Lecture 1 ● have와 has

'가지고 있다'는 영어로 **have**나 **has**로 나타내며 have와 has는 인칭과 수에 따라 바뀐다.

아래의 표에서도 알 수 있듯이 have가 has로 되는 것은 주어 가 3인칭 단수 he, she, it인 경우이다.

have나 has는 각각 강하게 발음될 때는 [hæv]/[hæz], 약하게 발음될 때는 [həv]/[həz]가 된다.

수 인칭	단수	복수
1인칭	I **have**	we **have**
2인칭	you **have**	you **have**
3인칭	he **has** she **has** it **has**	they **have**

I have nothing to do.
나는 할 일이 없다.

He has a lot of money.
그는 돈이 많다.

They have two children.
그들에게는 두 아이가 있다.

Lecture 2 ● Do you have ~?와 Does he have ~?

❶ **Do you have** a violin? (Have you a violin?)
❷ **Does he have** a violin? (Has he a violin?)

have동사 의문문은 ❶의 경우와 ❷의 경우 2가지가 있다. do 또는 does(주어가 3인칭 단수일 때)가 붙는 게 미국식, do나 does가 붙지 않는 게 영국식이다. ❷의 경우 do를 does로 바꾸어서 have를 has로 바꾼 역할을 하고 있으므로 Does he has~?라고 하면 안 된다.

Lecture 3 ● 대동사 역할을 하는 do와 does

❶ **Do you have a bicycle?**
당신은 자전거를 가지고 있습니까?

Yes, I do.
네, 그렇습니다.

❷ Does he have a tricycle?

그는 세발자전거를 가지고 있습니까?

Yes, he does.

네, 그렇습니다.

❶의 대답에 있는 do는 have a bicycle, ❷의 대답에 있는 does는 has a tricycle을 대신하고 있다. 이렇게 do 또는 does와 같이 대답의 반복을 피하기 위해 쓰는 말을 **대동사**라고 한다.

I have a harmonica.
나는 하모니카를 가지고 있습니다.

- **have** [hæv] : 가지다
- **harmonica** [hɑːrmánikə] : 하모니카

You have a violin.
당신은 바이올린을 가지고 있습니다.

- **violin** [vàiəlín] : 바이올린

They have a wonderful house.
그들은 훌륭한 주택을 갖고 있습니다.

- **wonderful** [wʌ́ndərfəl] : 멋진, 훌륭한

He has a pen in his hand.
그는 손에 펜을 갖고 있습니다.

He has a lot of money.
그는 돈이 많습니다.

- a lot of는 셀 수 있는 명사와 셀 수 없는 명사 모두에 사용된다.

Dialog

A **Do you have a flute?**

B **No, I do not. I have a guitar.**

> A 당신은 플루트를 가지고 있습니까?
> B 아뇨, 가지고 있지 않습니다. 저는 기타를 가지고 있습니다.
> · **do** [duː] : 의문문의 첫머리에 오는 말
> · **flute** [fluːt] : 플루트
> · **No, I do not.** : do는 have a flute를 가리킨다.
> · **guitar** [gitáːr] : 기타

A **Does your brother have a drum?**

B **Yes, he does. He has a drum.**

> A 당신 형은 드럼을 가지고 있습니까?
> B 네, 가지고 있습니다. 그는 드럼을 가지고 있습니다.
> · **does** [dʌz] : 주어가 3인칭 단수일 때 do는 does가 된다.
> · **drum** [drʌm] : 드럼
> · **Yes, he does.** : does는 has a drum을 가리킨다.
> · **has** [hæz] : 주어가 3인칭 단수일 때 have는 has로 바뀐다.

A **How many violins do you have?**

B **I have only one violin.**

> A 당신은 바이올린을 몇 개 가지고 있습니까?
> B 하나뿐입니다.
> · **How many ~?** : 수를 묻는 것이다. many는 '많은'
> · **only** [óunli] : 하나뿐인

126 |

Unit 14 허락의 may

허락을 요청할 때는 May I ~?(~해도 됩니까?)를 사용합니다. Must I ~?는 '~해야 합니까?'라는 의무를 나타내며 이때 부정은 need not을 씁니다. must와 함께 '필요'의 의미로 have to가 많이 쓰입니다. must의 과거형은 없으므로 과거의 일을 말할 때는 have to의 과거형인 had to를 쓴다는 것을 알아둡시다.

Lecture 1 ● May I ~?

① **may**는 '~해도 좋다'라는 허락의 의미로 쓰인다. 허락을 요청할 때에는 **May I ~?**(~해도 됩니까?)를 사용한다.

You may open the window.
창문을 열어도 됩니다.

May I open the window?
창문을 열어도 됩니까?

Yes, you may.
네, 그러세요.

No, you may not.
아뇨, 안됩니다.

② **may not** 대신에 **must not**을 쓰기도 하지만 **must not**

| 127

은 금지의 의미를 강하게 나타낸다. 미국에서는 이와 같이 허락을 요청하는 경우에는 **may**대신 종종 **can**을 쓴다. 하지만 **Can I ~?**보다는 **May I ~?**가 더욱 정중한 표현이므로 예의바른 영어를 위해서는 **May I ~?**를 쓰자.

May I come in?
들어가도 돼요?

May I borrow this book?
이 책 빌려가도 되나요?

May I go home now?
이제 집에 가도 돼요?

Can I have your phone number?
전화번호 좀 주시겠어요?

Might I park here for a moment?
여기에 잠시 주차해도 될까요?

③ **May I ~?**의 대답 표현

■ 허가나 허락을 할 때

Okay.
좋아요.

Go ahead.
어서 하세요.

Why not?
왜 안 되겠어요?

No problem.
문제없습니다.

You may go home now.
이제 집에 가도 됩니다.

■ 허가나 허락하지 않을 때

I'm sorry, you can't.
죄송합니다만, 안 됩니다.

You should not smoke here.
여기서 담배 피우면 안 됩니다.

Never tell others.
다른 사람에게 절대 이야기 하지 마세요.

I don't feel like it.
그럴 기분이 아닙니다.

I'm afraid I can't make it right away.
죄송하지만 즉시 해드릴 수는 없겠네요.

Lecture 2 ● Must I ~?

① must는 should와 같이 '~해야 한다'라는 의무를 나타내는 조동사이다. Must I ~?는 '~해야 합니까?'의 뜻으로 쓰인다.

Must I go there?
제가 거기에 가야 합니까?

Yes, you must.

네, 가야 합니다.

No, you need not.

아뇨, 갈 필요 없습니다.

위와 같이 '필요' 또는 '의무'를 말할 때 쓰는 must의 부정은 need not을 사용한다.

② must는 이외에 '강한 추측'의 용법으로 쓰여 '~임에 틀림없다'라는 의미를 나타낸다. 부정은 '~일 리 없다'이다.

He must be clever.

그는 영리함에 틀림없다.

He cannot be clever.

그는 영리할 리가 없다.

Lecture 3 ● Have to ~?

① must와 함께 '필요'의 의미로 **have to**(~해야 한다)가 많이 쓰인다.

가볍게 발음하면 [hæf tə]가 된다. 주어가 3인칭 단수일 경우에는 has to [həs tə](약하게 발음할 때)로 쓴다. 일상생활에서는 must보다 have to가 더 많이 쓰인다.

I must go there.
= **I have to go there.**

나는 거기에 가야 합니다.

He **must** go there.

= He **has to** go there.

그는 거기에 가야 합니다.

② must의 과거형은 없으므로 과거의 일을 말할 때는 **have to**의 과거형인 **had to**를 이용한다.

I **had to** go there.

나는 거기에 가야 했습니다.

③ have to, has to의 부정형은 don't have to, doesn't have to이다.

I **don't have to** go there.

나는 거기에 갈 필요가 없습니다.

He **doesn't have to** go there.

그는 거기에 갈 필요가 없습니다.

A **May I open the window?**

B **Yes, you may.**

A 창문을 열어도 됩니까?
B 네, 그러세요.
· **may** [mei] : ~해도 좋다

A **May I help you?**

B **I want a white shirt.**

A 무얼 도와 드릴까요?
B 흰 셔츠를 원합니다.
· **May I help you?** : 이것은 상점에 물건을 사러 왔을 때 점원이 보통 사용하는 말로 우리말의 '어서 오세요(무얼 드릴까요?)' 에 해당한다.

A **Must I do extra work at night?**

B **No, you need not.**

A 밤에 나머지 일을 제가 해야 합니까?
B 아뇨, 그럴 필요 없습니다.
· **extra** [ékstrə] : 여분의, 가외의 · **need** [niːd] : ~할 필요가 있다

A **Do I have to finish this work?**

B **Yes, you do.**

A 제가 이 일을 끝내야 합니까?
B 예, 그래야 합니다.
· **have to** [hæv tə] : ~하지 않으면 안 되다. 필요를 나타내는 must와 같은 의미
· **finish** [fíniʃ] : 끝내다

명령문

영어에서의 **명령문**은 우리말의 명령문보다는 강한 어조가 덜하며, 일상생활에서 대체로 자주 대할 수 있는 표현입니다. 명령문은 말 그대로 '~해라'라는 명령의 의미가 강하지만 '~해 주십시오'라는 부탁의 의미로도 사용됩니다. 명령문의 앞이나 뒤에 please를 넣으면 '명령'의 느낌이 없는 정중한 요구나 간청을 나타냅니다.

Lecture 1 ● 명령문 만들기

동사가 문장의 첫머리에 와서 '~하세요'라고 말하는 문을 **명령문**이라고 한다. 우리말의 명령문보다는 강한 어조가 덜하며, 일상생활에서 대체로 자주 대할 수 있는 표현이다. '~하세요'라는 것은 2인칭 상대방에게 말하는 것이므로 보통 주어(you)는 생략하며 동사의 원형으로 문장을 시작한다.

Stand up. 일어서세요.

Sit down. 앉으세요.

Come in. 들어와요.

Be quite. 조용히 해라.

Be ambitious. 야망을 가져라.

Study hard. 열심히 공부해라.

Turn on the TV. 텔레비전을 켜라.

Shut the window. 창문을 닫으세요.

그러나 경우에 따라서는 주어를 생략하지 않고 말하기도 하는데 이때는 강조를 위한 것이다.

You stand up.

당신 일어서세요.

You shut the window.

당신이 창문을 닫으세요.

Lecture 2 ● please를 붙일 때와 붙이지 않을 때

명령문은 말 그대로 '~해라'라는 명령의 의미가 강하지만, '~해 주십시오'라는 부탁의 의미로도 사용된다.

명령문의 앞이나 뒤에 **please**를 넣으면 '명령'의 느낌이 없는 **정중한 요구 · 간청**을 나타낸다.

❶ Stand up.

❷ **Please** stand up.

❸ Stand up, **please**.

❶은 please가 있지 않지만 ❷❸은 있다. '부디, 제발'을 의미하는 please가 있는 경우가 반드시 정중한 표현이라고는 할 수 없다. 말을 하는 어투가 문제가 되는 것이다. 어투를 정중히 부드럽게 말하면 정중한 표현이 된다.

please를 앞에 붙이는 경우와 뒤에 붙이는 경우가 있는데 뒤에 올 때는 앞에 (,)를 붙인다.

Please use my car.
부디 제 차를 써 주십시오.

Please help him.
제발 그를 도와주십시오.

Be quite, **please**.
제발 조용히 해 주십시오.

Lecture 3 ● 명령문의 부정문

명령문의 부정문은 문장의 첫머리에 **don't**나 **never**를 붙인다. 이러한 형태의 명령문도 **please**를 넣으면 정중한 표현이 된다.

Don't stand up.
일어서지 마세요.

Don't sit down.
앉지 마세요.

Never lend money.
절대 돈을 빌리지 마세요.

Please **don't** cry.
제발 울지 마세요.

Don't call me after midnight, *please*.
부디 내게 12시 이후에 전화하지 마세요.

Please **never** tell a lie.
절대로 거짓말 하지 마세요.

Stand up, **Tom**.
톰, 일어서세요.

Sit down, **Mary**.
메리, 앉으세요.

여기서 Tom과 Mary는 부르는 말이다. 각각 앞에 (,)를 잊지 않
도록 한다.

Let's go.
갑시다.

Let's walk.
걸읍시다.

Let's beat it.
이제 그만 합시다.

Let's call it a day.
오늘은 이만 합시다.

Let's try it out.
시험 삼아 한번 해봅시다.

이와 같이 let's 뒤에는 주어에 관계없이 '동사의 원형'이 온

다. let's에 shall[ʃæl] we?를 붙여 '~할까요?, ~하지 않겠습니까?' 라는 형으로 쓸 수도 있다.

Let's go to church, *shall we*?

교회에 갈까요?

Let's walk to the park, *shall we*?

공원에 걸어갈까요?

shall we? 앞의 (,)와 뒤의 (?)를 빠뜨리지 않도록 조심하자.

Let's ~.의 부정은 Let's not ~.이다.

Let's *not* go to church.

교회에 가지 맙시다.

Let's *not* walk to the park.

공원까지 걷지 맙시다.

Stand up.

일어서세요.

· **stand** [stænd] : 서다   · **up** [ʌp] : 위에

Please stand up.

일어서 주십시오.

· **please** [pliːz] : 부디, 제발

Stand up, please.

일어서 주십시오.

Shut the window.

창문을 닫으세요.

· **shut** [ʃʌt] : 닫다

Go back to your seat.

당신의 자리로 돌아가세요.

· **back** [bæk] : 뒤로. go back '~로 돌아가다'   · **seat** [siːt] : 좌석

Sit down.

앉으세요.

· **sit** [sit] : 앉다   · **down** [daun] : 아래에

Unit 16 감탄문

This is a very beautiful picture.(이것은 매우 아름다운 그림입니다.)에서 very를 첨가해서 '이 그림은 정말 멋지다' 라는 감정을 나타내고 있습니다. 그러나 여기에 감정을 더 담아서 말할 때는 **감탄문** 형식을 이용하면 편리합니다.

Lecture 1 ● 감탄문 만들기

감탄문은 감정(기쁨, 슬픔, 놀람 등)을 나타내는 데 쓰는 말이다. 감탄문에는 2가지 형식이 있으며, 이것은

❶ What a beautiful picture this is!

이 그림은 정말 아름답구나!

❷ How beautiful this picture is!

이 그림은 정말 아름답구나!

로 표현할 수 있다.

❶은

> **What** + a(n) + 형용사 + 명사 + 주어 + 동사!

❷는

> **How** + 형용사 / 부사 + 주어 + 동사!

라는 형태이다. ❶❷는 의미는 같고 문장의 형식만 다를 뿐이다. what의 뒤에는 〈형용사 + 명사〉형이, how의 뒤에는 〈형용사 / 부사 + 주어〉가 온다는 점에 주의하자.

예문 ❷에서는 how의 뒤에 형용사가 왔지만 부사가 올 수도 있다.

❸ What a **fast** runner he is!

그는 정말 빠른 주자예요!

❹ How **fast** he runs!

그는 정말 빨리 달려요!

❸의 fast는 명사 runner를 수식하는 형용사지만 ❹의 fast는 동사 run을 수식하는 부사이다.

❶❷❸❹가 복수가 되면 다음과 같다.

❶′ What beautiful pictures these are!
❷′ How beautiful these pictures are!
❸′ What fast runners they are!
❹′ How fast they run!

❶′에서는 복수가 되면 what 뒤의 a가 빠지고 picture가 pictures가 되며, ❹′에서는 he가 they가 되므로 runs의 s가 빠져서 run이 되는 점에 주의하자. 다음은 정해진 규칙에 따라 this를 these, is를 are, runner를 runners로 바꾸면 된다.

What a smart boy!
How smart!

감탄문의 형식은 좀 특별하기 때문에 두 가지를 확실히 구별
하여 알아두자.

What a big house that is!
저 집은 정말 크네요!

What an interesting book it is!
그건 정말 재미있는 책이에요!

· **interesting** [íntəristiŋ] : 재미있는

What clever boys those are!
정말 영리한 소년들이군요!

How beautiful this rose is!
이 장미는 정말 예쁘군요!

· **how** [hau] : 여기서는 '얼마나 ~인가!' 의 '얼마나 ~' 라는 의미이다.

How lovely these babies are!
정말 예쁜 아기들이군요!

How pretty the girls are!
정말 귀여운 소녀들이군요!

전치사란 문자 그대로 '앞에 위치하는 단어'로, 명사나 대명사 또는 동명사 앞에 놓여서 그 낱말과 다른 낱말과의 관계를 나타내며 우리말의 조사와 같은 역할을 합니다. 예를 들어 '집에서, 집까지, 집에'인 경우에 '~에서, ~까지, ~에'가 영어의 전치사입니다.

Lecture 1 ● 전치사

전치사는 혼자서는 아무 일도 하지 못하고 문장 안에서 명사나 대명사와 연결되어야만 의미를 가질 수 있다. 위치, 시간이나 장소 앞에 놓이는 경우가 많다.

전치사는 그 이름에서 알 수 있듯이 어떤 말의 앞에 위치하므로 전치사 뒤에는 반드시 목적어가 와야 한다.

The book is on the table.
책이 탁자 위에 있다. 〈명사〉

She went to the supermarket with him.
그녀는 그와 슈퍼마켓에 갔다. 〈대명사〉

Jane left without saying good-bye.
제인은 작별 인사도 없이 떠났다. 〈동명사〉

① in과 at

in은 넓은 장소, 예를 들면 나라 또는 도시 등에 쓰고, **at**은 좁은 장소에 쓴다.

in Korea (한국에)

in Seoul (서울에)

at Dondaemoon (동대문에)

at Myung-dong (명동에)

She lives **in** Seoul.
그녀는 서울에 산다.

Tom was **at** the office.
톰은 사무실에 있었다.

② in과 out

in은 '~안에', **out**은 '~밖에'이다. 영국에서는 out 대신에 out of를 쓴다.

Father is **in** his study.
아버지는 서재에 계신다.

Mother is **out** (of) the kitchen.
어머니는 부엌에 안 계신다.

③ on과 off

on은 위, 아래나 옆 등 어떤 경우라도 면에 붙어 있을 때 쓰고, **off**는 면에서 떨어져 있는 경우에 쓴다.

There is no paper on the wall.
벽에 종이가 붙어 있지 않다.

Bill fell off a horse yesterday.
빌은 어제 말에서 떨어졌다.

④ by와 under

by는 '~옆에', **under**는 '~아래에'

by the door (문 옆에)

under the desk (책상 아래에)

The bank is by the post office.
은행은 우체국 옆에 있다.

They spent a night under the bridge.
그들은 다리 밑에서 하룻밤을 지냈다.

Lecture 3 ● 시간의 전치사

① in과 at / on

in은 연도, 월, 계절 등 비교적 긴 시간에, **at**은 시간, 시점, **on**은 요일, 날짜 등 비교적 짧은 시간을 나타낼 때 쓴다.

The bakery will be open in July.
그 빵집은 7월에 문을 열 것이다.

They close at 9 p.m.
오후 9시에 문을 닫는다.

Congratulations on your birthday.
네 생일을 축하해.

② till과 **by**

till과 by 둘 다 시간을 가리키는 명사와 함께 쓰여 '~까지'
라는 의미를 나타낸다.

그러나 **till**은 '계속'의 의미가 있고, **by**는 '완료'의 의미가
있다.

We have to stay till 9 p.m.
우리는 9시까지 머물러야 한다.

I will finish this work by tomorrow.
내일까지 이 일을 끝낼 것이다.

③ during과 **for**

둘 다 '~동안'이라는 뜻으로 쓰이지만, **during** 다음에는
특정 기간이 오고 **for** 다음에는 대개 숫자가 이어진다.

He went abroad during winter vacation.
그는 겨울방학 동안 외국에 나가 있었다.

Rinse it for 10 minutes.
그것을 10분 동안 헹궈라.

④ from과 since

from은 '~부터', **since**는 '~이래로 지금까지 줄곧'이라는 의미로 쓰이는 전치사이다.

He works **from** 9 to 6.
그는 9시부터 6시까지 일한다.

I have lived here **since** 2008.
나는 2008년부터 지금까지 계속 여기에서 살아왔다.

Lecture 4 ● 방향의 전치사

① around

around는 '~주위에'라는 뜻이다.

I want to travel **around** the world.
나는 세계를 여행하고 싶다.

② into

into는 '~안으로'라는 뜻이다.

Pour the egg mixture **into** a cup.
컵 안에 달걀 혼합물을 붓는다.

③ from과 to

한 지점에서 다른 지점까지를 말할 때 **from**(출발지점)과 **to**(도착지점)를 쓴다.

I traveled _from_ Chicago _to_ Washington.

나는 시카고에서 워싱턴까지 여행했다.

④ across

across는 '~를 가로질러'라는 뜻이다.

John walked _across_ the road.

존은 길을 가로질러 걸어갔다.

⑤ through

through는 '~을 통해'라는 뜻이다.

You can see _through_ glass.

유리를 통해 사물을 볼 수 있다.

Lecture 5 ● 전치사구

두 개나 그 이상의 단어가 모여 하나의 전치사처럼 쓰이는
것을 **전치사구**라고 한다.

according to (~에 따라서)

because of (~ 때문에)

by means of (~을 써서)

in addition to (~에 덧붙여서)

in spite of (~에도 불구하고)

next to (~옆에)

as a result of (~의 결과로서)

in front of (~앞에)

instead of (~대신에)

thanks to (~덕분에)

for the purpose of (~을 위해)

contrary to (~에 상관없이)

According to the weather forecast, it will snow tomorrow.

일기예보에 따르면, 내일 눈이 올 것이다.

The bike is **in front of** the bench.

자전거가 벤치 앞에 있다.

He bought an eraser **instead of** a pencil.

그는 연필 대신 지우개를 샀다.

There is a vase on the table.
테이블 위에 꽃병이 하나 있습니다.

· **There is ~.** : ~가 있다. 이런 형태의 문에서 there는 '거기에' 라는 장소를 나타내는 의미는 없다. 그러므로 이런 문장에서 '거기에, 여기에' 라는 장소의 의미를 말할 때에는 there나 here를 각각의 문장 끝에 붙여야 한다.

· **vase** [veis] : 꽃병. 영국에서는 [vɑːz]로 발음한다. flower vase라고도 한다.

· **on** : ~위에

There is a chair by the table.
탁자 옆에 의자가 하나 있습니다.

· **by** : ~옆에

I am in my room.
나는 내 방에 있습니다.

· **room** [ruːm, rum] : 방

A picture is on the wall.
그림이 벽에 걸려 있습니다.

· **on** : 위, 아래, 옆 등 면에 붙어 있는 경우에 쓴다.

A bucket is under the kitchen table.
양동이는 식탁 밑에 있습니다.

· **bucket** [bʌ́kit] : 양동이

Dialog

A Is there a sofa in your room?
B Yes, there is.

A 당신의 방 안에 소파가 있습니까?
B 네, 있습니다.

· 의문문이 되면 there와 is의 위치가 바뀌어 Is there ~?가 된다. 복수도 물론 Are there ~?가 된다.

· **sofa** [sóufə] : 소파. 다음과 같은 의자의 종류도 알아두자. settle '등받이가 긴 의자', davenport '크고 긴 의자'. davenport는 침대로도 쓸 수 있는 큰 소파를 말한다.

A Where are you?
B I am at the door.

A 당신은 어디에 있습니까?
B 저는 문에 있습니다.

· **where** [hwɛə:r] : 어디에. 장소를 묻는 의문사
· **at** : in 보다는 좁은 장소에 쓴다.

A Where is the sink?
B It is in the kitchen.

A 싱크대는 어디에 있습니까?
B 부엌에 있습니다.

· **sink** [siŋk] : 싱크대

A Where is the oven?
B It is by the sink.

A 오븐은 어디에 있습니까?
B 싱크대 옆에 있습니다.

· **oven** [ʌvən] : 오븐. 발음에 주의하자.

Unit
18
접속사

접속사는 이름 그대로 단어와 단어, 구와 구, 문장과 문장을 잇는 말입니다. 우리말의 '그리고, 그러나, 그러므로, 그렇지만'과 같은 말들이 바로 접속사입니다. 그럼 접속사가 문장에서 어떻게 쓰이는지 알아봅시다.

접속사는 크게 등위접속사와 종속접속사로 나눌 수 있습니다. **등위접속사**는 품사가 대등한 단어나 구, 절을 연결합니다. **종속접속사**는 두 개로 이루어진 문장에서 주절과 종속절이 있을 때 종속절을 이끄는 접속사입니다. 하나가 나머지 하나에 종속되는 특징이 있습니다.

Lecture 1 ● 등위접속사

등위접속사는 같은 관계에 놓여 있는 것을 연결해 주는 접속사이다.

① and (그리고, 그래서)

She speaks English and Japanese.
그녀는 영어와 일본어를 할 줄 안다.

and가 명령문에서 쓰이면 '그러면'이라는 의미이다.

Go straight, and you will find the hospital.
직진하세요, 그러면 병원을 찾을 거예요.

152 |

② **but** (그러나, 하지만)

He is talkative, but she is very quiet.
그는 수다스럽지만, 그녀는 매우 조용하다.

③ **or** (또는, 아니면)

Do you like pop or jazz?
너는 대중음악을 좋아하니, 재즈를 좋아하니?

or가 명령문에서 쓰이면 '그렇지 않으면'이라는 의미이다.

Hurry up, or you'll be late.
서둘러, 그렇지 않으면 늦을 거야.

④ **so** (그래서, 그러므로)

I was ill, so I took some medicine.
나는 아파서 약을 좀 먹었다.

* 평행의 법칙 : 접속사 and, or, but으로 연결될 때 대등한 구조로 연결하여 평행을 유지한다는 사실을 명심하자.

He enjoyed jogging, swimming and fishing.
그는 조깅, 수영 그리고 낚시를 즐겼다.

→ 여기에서 jogging, swimming, fishing은 모두 동명사이다.

등위접속사의 일종으로 같은 품사의 단어, 구 또는 절을 연결해 준다.

① both A and B (A와 B 둘 다)

Both Jane **and** Tom are kind.
제인과 탐 둘 다 친절하다.

② either A or B (A 또는 B 둘 중 하나)

I can leave **either** today **or** tomorrow.
나는 오늘이나 내일 떠나면 된다.

③ neither A nor B (A도 아니고 B도 아니고)

My father **neither** smokes **nor** drinks.
내 아버지는 담배도 안 피우고, 술도 안 마신다.

④ not only A but also B (A뿐만 아니라 B도)

She is **not only** kind **but also** beautiful.
그녀는 친절할 뿐 아니라 아름답다.

⑤ not A but B (A가 아니라 B)

This is **not** a piano **but** an organ.
이것은 피아노가 아니라 오르간이다.

주절과 종속절 두 절을 연결하는 접속사를 **종속접속사**라고
한다.

① that

> The fact　is　**that**　he　said　so.
> 　주어　　동사　　　　주어　동사

그가 그렇게 말한 것은 사실이다.

위와 같이 접속사 that은 문장(주어 + 동사)과 문장(주어 +
동사)을 연결해 주는 역할을 하고 있다.
접속사 that은 생략할 수 있다. 특히 회화에서는 that을 생
략하고 말하는 경우가 많다.

② 시간의 접속사

when (~할 때)　　　　while (~하는 동안)

before (~전에)　　　　till (~까지)

after (~후에)　　　　as soon as (~하자마자)

since (~이래로)

Jane fell asleep while she was watching TV.
제인은 티비를 보다가 잠들었다.

③ 원인 · 이유의 접속사

because (왜냐하면)

since (~이므로)

Since he was tired, he went home early.

그는 피곤해서 일찍 집에 갔다.

④ 양보의 접속사

though (비록 ~이지만)

although (~에도 불구하고)

Although he was very tired, he couldn't sleep.

그는 피곤했음에도 불구하고, 잠을 자지 못했다.

⑤ 조건의 접속사

if (만약 ~라면)

unless (만약 ~가 아니라면)

If she goes, I'll go, too.

만약 그녀가 간다면 나도 갈 거야.

Tony and Tom are cousins.

토니와 탐은 사촌입니다.

· and는 단어와 단어를 연결하는 등위접속사이다.
· **cousin** [kʌ́zn] : 사촌

I like both dramas and talk shows.

나는 드라마와 토크쇼 둘 다 좋아합니다.

· both A and B는 상관접속사로 서로 쌍을 이루는 A와 B를 연결한다.
· **drama** [drɑ́:mə, drǽmə] : 드라마(= soap opera)
· **talk show** : 토크쇼

I was not only tired but also hungry.

나는 피곤했을 뿐 아니라 배도 고팠습니다.

· not only A but also B는 'A뿐만 아니라 B도 역시'라는 의미의 상관접속
사이다. B as well as A와 같은 뜻이다. 이 경우 해석을 뒤에서부터 한다
는 점에 주의해야 한다.
· **tired** [taiə:rd] : 피곤한
· **hungry** [hʌ́ŋgri] : 배고픈

Since I was cold, I put on a sweater.

나는 추워서 스웨터를 입었습니다.

· since는 이유를 나타내는 종속접속사이다.
· **cold** [kould] : 추운
· **put on** : 입다
· **sweater** [swétər] : 스웨터

Part
3

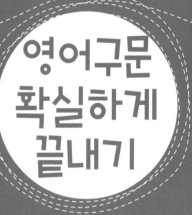

영어구문
확실하게
끝내기

Unit 01 수동태

주어가 동사의 행위를 하는 것을 **능동태**라고 하고, 동사의 동작이 주어에게 수동적으로 행해지는 것을 **수동태**라고 합니다. 수동태는 **be동사 + 과거분사**의 형태로 나타내며, '~ 해지다, ~되다, ~당하다'라는 의미로 쓰입니다. 이 과에서는 수동태를 어떻게 만드는지 알아봅시다.

Lecture 1 ● 수동태 만들기

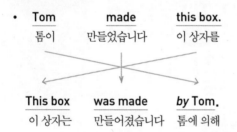

- Tom   made   this box.
  톰이   만들었습니다   이 상자를

  This box   was made   *by* Tom.
  이 상자는   만들어졌습니다   톰에 의해

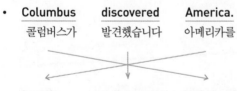

- Columbus   discovered   America.
  콜럼버스가   발견했습니다   아메리카를

  America   was discovered   *by* Columbus.
  아메리카는   발견되었습니다   콜럼버스에 의해

> B + be동사 + 과거분사 + *by* + A

의 형태로 된 문장을 **수동태**라고 한다. 일반적으로 타동사 (목적어를 갖는 동사)의 목적어가 수동태에서 주어가 된다. 'B는 A에 의해 ~된다[당한다]'라는 의미를 갖는다.

Lecture 2 ● by ~를 생략하는 경우

'by ~'가 특정한 사람 또는 사물을 나타내는 것이 아니고 일반적인 막연한 사람이나 사물을 나타낼 때는 'by ~'를 생략하기도 한다.

❶ English is spoken (by them) all over the world.

영어는 전 세계 사람들에 의해 말해진다. 〈일반적인 사람〉

❷ The boat was painted green (by them).

그 보트는 초록색으로 칠해졌다. 〈막연한 사람〉

❶의 them은 일반적인 전 세계 사람, ❷의 them은 보트를 만든 막연한 사람을 나타내므로 양쪽 모두 생략하는 것이 보통이다.

Lecture 3 ● 수동태에서 by 이외의 전치사를 쓰는 경우

We are interested *in* music.

우리는 음악에 흥미가 있다.

They were surprised *at* the news.
그들은 그 소식을 듣고 놀랐다.

타동사로 쓰이는 interest(흥미를 일으키다)나 surprise(놀라게 하다)와 같은 동사는 수동형으로 쓰여 자동사의 의미를 나타낸다.

be interested (흥미를 가지다)
be surprised (놀라다)

이와 같은 경우는 by 이외의 전치사가 흔히 쓰인다.

Lecture 4 ● get + 과거분사

수동태는 대개 〈be동사 + 과거분사〉로 되어 있다. 그러나 간혹 〈**get + 과거분사**〉도 있다. be동사는 '~로 되어 있다'라는 상태를 말하는데 비해, get은 '~하게 되다'라는 뜻으로 변화를 강조한 문장이다. 이때 get은 become의 뜻이다. 즉, 그런 상태로 되기 시작했음에 초점을 둔 문장이다. 다음을 비교해 보자.

He got married last month.
그는 지난달에 결혼했다.

⚏ **He was married.**
그는 결혼했다.

The boy got excited when he saw the toy.

그 남자 아이는 장난감을 보고 흥분했다.

비교 **The boy was excited.**

그 남자 아이는 흥분했다.

Lecture 5 ● 부정문의 수동태

부정어 **not**은 be동사 바로 뒤에 쓴다.

My dog didn't bite the jogger.

→ **The jogger was *not* bitten by my dog.**

그 조깅하는 사람은 제 개에게 물린 것이 아니에요.

능동태의 주어에 no가 있으면, 수동태는 not ~ any로 나누어 쓴다.

Nobody likes him.

→ **He is not liked by anybody.**

아무도 그를 좋아하지 않는다.

Lecture 6 ● 자주 쓰는 수동태 표현

능동태의 주어는 수동태 문장에서 'by + 목적격'으로 바뀌지만 동사에 따라 by가 아닌 다른 전치사를 쓰는 경우가 있다.

be tired **of** (~에 싫증나다)

be known **to** (~에 알려져 있다)

be pleased **with** (~에 기뻐하다)

be disappointed **with** (~에 실망하다)

be made **from** (~으로 만들어지다)

be filled **with** (~으로 차 있다)

be covered **with** (~으로 덮여 있다)

be satisfied **with** (~에 만족하다)

This box was made by Tom.
이 상자는 톰에 의해 만들어졌습니다. (톰이 만들었습니다.)

- **made** [meid] : make '만들다' 의 과거분사
- **by** : ~에 의해

America was discovered by Columbus.
아메리카는 콜럼버스에 의해 발견되었습니다.

- **discovered** [diskʌ́vərd] : discover '발견하다' 의 과거분사
- **Columbus** [kəlʌ́mbəs] : 콜럼버스. 아메리카 대륙을 발견한 사람

I was praised by my teacher.
나는 선생님께 칭찬을 받았습니다.

- **praised** [preizd] : praise '칭찬하다' 의 과거분사

The boat was painted green.
그 배는 녹색으로 칠해졌습니다.

- **painted** [péintid] : paint '페인트칠하다' 의 과거분사

We are interested in music.
우리는 음악에 흥미가 있습니다.

- **interested** [íntəristid] : interest '흥미를 갖게 하다' 의 과거분사

부정사

〈to + 동사원형〉의 꼴로 되어 있는 형태를 **to부정사**라고 합니다. to부정사에는 **명사적 용법, 형용사적 용법, 부사적 용법**이라는 세 가지 용법이 있습니다. 여기서 **동사원형**이란 동사 변화가 일어나기 전의 원래 형태의 동사를 말합니다. 예를 들면 come은 주어에 따라 comes가 되거나, 과거면 came이 되고, 진행형으로 쓰일 때는 coming이 되는데 이런 변화를 일으키기 전의 형태인 come을 '동사의 원형'이라고 합니다.

Lecture 1 ● 부정사란?

부정사란 정해지지 않은 품사란 뜻으로 원래 동사의 성질을 가지고 있지만 동사가 다른 품사의 역할을 할 수 있도록 해준다. 부정사에는 동사원형을 그대로 사용하는 **원형부정사**와 동사원형 앞에 to를 붙여 사용하는 **to부정사**가 있다.

Lecture 2 ● to부정사의 3가지 용법

1. 명사적 용법

to부정사가 문장에 꼭 필요한 요소, 즉 **주어, 보어, 목적어**로 쓰인 경우를 말하며, '~하는 것'이라고 해석한다.

❶ To tell a lie is wrong. 〈주어〉

거짓말을 하는 것은 나쁘다.

❷ I like to listen to the CD's. 〈목적어〉

나는 시디 듣는 것을 좋아한다.

❸ The hardest thing is to know oneself. 〈보어〉

가장 어려운 일은 자기 자신을 아는 것이다.

❶에서는 To tell [(거짓말을) 말하는 것]이 is의 주어로 쓰였다.

❷에서는 to listen [(시디를) 듣는 것]이 like의 목적어로 쓰였다.

❸에서는 to know[(자기 자신을) 아는 것]가 주어인 the hardest thing을 수식하는 보어로 쓰였다. 이와 같이 '~하는 것'이라는 의미로 쓰이는 것이 **명사적 용법**이다.

2. 형용사적 용법

명사나 대명사를 꾸며주거나 be to 용법으로 쓰이는 것을 말하며, **한정적 용법**과 **서술적 용법**으로 나뉜다.

❶ I have lots of things to do.

나는 할 일이 많다.

❷ Please give me something hot to drink.

나에게 뜨거운 마실 것을 주세요.

❶의 to do, ❷의 to drink는 각각 앞에 있는 things와 something을 수식하고 있다. 이와 같이 앞에 있는 명사 또는 대명사를 수식하는 것을 **형용사적 용법**이라고 한다.

3. 부사적 용법

부사적 용법의 to부정사는 원래 부사가 그러하듯 부수적으로 쓰여 동사나 형용사, 다른 부사, 또는 문장 전체 등을 꾸미는 역할을 한다.

He stopped to have a smoke.

그는 담배를 피우기 위해 멈췄다.

부정사 부분 to have는 '피우기 위해'라는 의미로 stopped를 수식한다. 이와 같이 동사를 수식하는 것이 **부사적 용법**이다.

그런데 He stopped having a smoke.로 하면 의미가 달라지는데 이것은 '금연했다'가 된다.

① **too ~ to** … : 너무 ~해서 …할 수 없다

Jane is too young to go to school.
= **Jane was so young that she couldn't go to school.**

제인은 너무 어려서 학교에 갈 수 없었다.

② **~ enough to** … : 충분히 ~해서 …할 정도이다

Jane is old enough to go to school.

제인은 학교에 갈 정도로 충분히 나이가 들었다.

* enough는 형용사나 부사를 수식하는 부사로 쓰일 때 우리말 순서와는
달리 그 뒤에서 꾸며준다는 것에 유의하자.

not이나 never는 부정사 앞에 쓴다.

I decided *not* to go abroad.

나는 해외에 가지 않기로 결정했다.

⟨to + 동사원형⟩ 대신에 to만 써서, 부정사를 대신하는 것을
대부정사라고 한다. 앞에 그 동사가 이미 쓰였기 때문에 다
시 나올 때는 to만 써도 의미를 유추할 수 있다.

I don't want to leave, but I have to.

나는 떠나고 싶지 않지만 그래야 돼.

* to 뒤에 leave가 생략되었다.

Lecture 6 ● 부정사만을 목적어로 취하는 동사

주로 미래 지향적인 동사들이 부정사만 목적어를 취하는 경우가 많다.

hope	decide	plan
promise	choose	intend
offer	refuse	can't afford to …

I hope to see you soon.

나는 너를 곧 만나기를 원해.

She promised to visit us.

그녀는 우리를 방문하겠다고 약속했다.

I can't afford to buy a new car.

나는 새 차를 살 여유가 없다.

I like to listen to the radio.
저는 라디오 듣는 것을 좋아합니다.

I want to study English.
저는 영어를 공부하고 싶습니다.

To tell a lie is wrong.
거짓말하는 것은 나쁩니다.

· **wrong** [rɔːŋ] : 나쁜

I have lots of things to do.
나는 할 일이 많습니다.

· **lots of** [lɑts ɔv] : 많은

He stopped to have a smoke.
그는 담배를 피우려고 멈췄습니다.

· **stopped** [stɑpt] : 멈춰 섰다. stop의 과거
· **smoke** [smouk] : 담배 한 모금.
  have a smoke 담배를 한 모금 피우다

현재분사와 동명사

'~하고 있는 중'이라는 진행을 의미하거나 형용사로 쓰여 명사를 수식하는 것을 **현재분사**라고 하며, 동사의 형태이지만 명사적으로 쓰여 -ing형으로 나타내는 것을 **동명사**라고 합니다. 현재분사와 동명사는 형태가 같기 때문에 문맥을 잘 살펴보고 구별할 수 있어야 합니다.

Lecture 1 ● 주어 + 동사 + 목적어 + -ing

I saw a jet flying.
나는 제트기가 날고 있는 것을 보았습니다.

I heard Mary singing.
나는 메리가 노래 부르고 있는 것을 들었습니다.

I felt the earth quaking.
나는 땅이 흔들리고 있는 것을 느꼈습니다.

I smelled something burning.
나는 무엇인가가 타고 있는 냄새를 맡았습니다.

I noticed somebody going out of the room.
나는 누군가가 방을 나가고 있는 것을 알아차렸습니다.

see, hear, feel, notice와 같이 사람의 '감정을 나타내는 동사 → 지각동사, 감각동사'는 목적어 뒤에 동사원형이 오는데 동작이 진행 중임을 강조할 때는 **-ing형**을 사용한다.

I **saw** a jet fly.

I **heard** Mary sing.

I **felt** the earth quake.

I **noticed** somebody go out of the room.

smell도 사람의 감각 중 하나이지만, 보통 -ing을 쓰고 동사 원형은 오지 않는다. 감각동사 외에 원형동사 즉 to 없는 부정사는 다음과 같은 경우에 쓰인다.

❶ I made him go.
나는 그를 억지로 가게 했다.

❷ I let him go.
나는 그를 가게 했다.

❸ I helped him carry the package.
나는 그가 짐을 나르는 것을 도왔다.

❶은 강제로 가게 했다는 의미이고, ❷는 자유의사로 그를 가게 했다는 의미를 담고 있다. ❸에서는 carry 앞에 to를 넣을 수도 있지만 미국영어에서는 동사원형을 쓰는 것이 일반적이다.

Lecture 2 ● 현재분사와 동명사

1. 분사

동사에 '-ing'나 '-ed'를 붙여 동사나 형용사처럼 쓰는 것을 말한다.

진행형으로 쓰이는 -ing형이나 '감각동사'와 함께 쓰이는 -ing형은 모두 형용사적인 역할을 한다. -ing형으로 형용사적으로 쓰이는 것을 **현재분사**라고 한다. 현재분사는 동사의 일부로서 '~하고 있는 중'이라는 진행을 의미하거나 형용사로 쓰여 명사를 수식한다.

이에 비해 동사의 형태이지만 명사적으로 쓰이는 -ing형(~하는 것)을 **동명사**라고 한다. 동명사는 명사적 성질을 띠므로 주어, 목적어, 보어 역할을 한다. 또한 원래 동사 출신이기 때문에 목적어를 취하거나 부사의 수식을 받을 수 있다.

He was crying. 〈현재분사 - 동사의 진행시제〉
그는 울고 있었다.

Look at the running water. 〈현재분사 - 형용사 역할〉
저 흐르는 물을 보세요.

Playing cards is fun. 〈동명사 - 주어〉
카드놀이 하는 것은 재미있다.

* smoking은 '담배를 피우는 것'

He stopped smoking. 〈동명사 - 목적어〉
그는 담배를 끊었다.

Seeing is believing. 〈동명사 - 보어〉
보는 것이 믿는 것이다. : 백문이 불여일견

2. 동명사 만들기

규칙	예
• 동사 → -ing	speak → speak**ing**
• -e → ~~e~~ing	dance → danc**ing**
• 단모음 + 단자음	stop → stop**ping**
→ 자음 + 자음 + -ing	

3. 동명사만을 목적어로 취하는 동사

동명사만을 목적어로 취하는 동사는 주로 동사와 시제가 같거나 이미 끝낸 일을 언급할 때가 많다.

enjoy	finish	quit
mind	give up	avoid
deny	put off	postpone
consider …		

I *enjoyed* **being** with you.
당신과 함께 있어서 즐거웠다.

I'm *considering* **renting** a car.
나는 차를 빌릴까 생각중이다.

She *put off* **doing** her homework.
그녀는 숙제하는 것을 미뤘다.

4. 동명사의 관용적 용법

❶ be worth -ing (~할 만한 가치가 있다)

❷ can't help -ing (~하지 않을 수 없다)

   (= can't but + 동사원형)

❸ feel like -ing (~하고 싶다)

❹ go -ing (~하러 가다)

❺ have difficulty (in) -ing (~하는 데 어려움을 겪다)

❻ How about -ing? (~하는 게 어때?)

❼ It goes without saying that ~

   (~은 말할 것도 없다)

❽ It is no use -ing (~해봤자 소용없다)

   (= It is no good -ing)

❾ keep A from -ing (A가 ~하지 못하게 하다)

❿ look forward to -ing (~하기를 간절히 고대하다)

⓫ make a point of -ing

   (~을 규칙으로 삼다, 반드시 ~하다)

⓬There is no -ing (~할 수 없다)

   (= It is impossible to ~)

This novel **is worth reading**.

이 소설은 읽을 만한 가치가 있다.

I feel like eating cake.

나는 케이크를 먹고 싶다.

They **went skiing**.

그들은 스키를 타러 갔다.

It is no use crying over spilt milk.

엎질러진 우유를 놓고 울어봤자 소용없다.

I'm **looking forward to seeing** you soon.

나는 너를 곧 만나기를 간절히 바라고 있다.

> * 과거분사 : 동사원형 뒤에 -ed를 붙이는 것으로 have와 결합하여 완료
> 형을 만들거나 be동사와 함께 수동태를 만든다.

I have finished my homework. 〈완료형〉

나는 숙제를 끝냈다.

My cat **is called** Nabi. 〈수동태〉

내 고양이는 나비라고 불린다.

과거분사가 형용사로 쓰이면 완료나 수동의 의미를 띠며 '~
된, ~당한'으로 해석된다.

Look at the **fallen** leaves. 〈형용사〉

저 낙엽을 봐라.

I saw a jet flying.
나는 제트기가 날고 있는 것을 보았습니다.

· **saw** [sɔː] : see의 과거형
· **flying** [fláiiŋ] : fly '날다' + -ing

I heard Mary singing.
나는 메리가 노래 부르고 있는 것을 들었습니다.

· **heard** [həːrd] : hear '듣다'의 과거형

Look at the baby crying.
아기가 울고 있는 것을 보세요.

· **crying** [kráiiŋ] : cry '울다' + -ing

I smell something burning.
뭔가가 타고 있는 냄새가 납니다.

· **smell** [smel] : 냄새를 맡다
· **burning** [bə́ːrniŋ] : burn '타다' + -ing

I hear frogs croaking.
개구리가 울고 있는 것이 들립니다.

· **frogs** [frɔːgz] : 개구리들. frog의 복수형
· **croaking** [kroukiŋ] : croak '울다' + -ing.
  개구리, 까마귀 등이 '울다', '소가 울다'는 moo,
  '고양이가 울다'는 mew이다.

법(Mood)이란 말하는 사람의 심리적인 태도를 나타내는 방법으로 직설법, 명령법, 가정법 세 가지 종류가 있습니다. 이중 현재 혹은 과거의 사실에 반대되는 것을 가정하거나 불확실한 것에 대해 상상할 때 쓰는 것을 **가정법**이라고 합니다. 여기서는 가정법에 대해 자세히 알아봅시다.

Lecture 1 ● 가정법

가정법이란 어떤 사실에 대한 의심이나 반대 및 불확실한 일을 가정할 때 쓰는 동사의 형태를 말하며, 가정법 현재 · 가정법 과거 · 가정법 과거완료 · 가정법 미래 등이 있다.

If it is fine tomorrow, I will go there.
만약 내일 날씨가 좋다면, 나는 거기에 갈 것이다. 〈가정법 현재〉

If I were rich, I could buy a car.
만일 내가 부자라면, 차를 살 수 있을 텐데. 〈가정법 과거〉

If I should fail, I will try again.
만일 내가 실패한다면, 다시 한 번 해 보겠다. 〈가정법 미래〉

Lecture 2 ● 가정법 현재

가정법 현재는 현재 또는 미래에 대한 불확실한 가정 · 상상을 나타내며, 조건절의 동사는 동사원형을 쓰는 것이 원칙이나, 현대 영어에서는 현재동사를 쓰는 경향이 강하다.

> **종속절** **If** + 주어 + 동사원형[현재동사] ~,
>
> **주 절** 주어 + **can, may, will, shall** + 동사원형 ~.
>
> **해 석** 만일[만약] ~한다면, …할 것이다.

If she comes, I will be very happy.
만약 그녀가 온다면, 나는 매우 행복할 것이다.

If it rains tomorrow, we will go on a picnic.
만약 내일 비가 온다면, 우리는 소풍을 가지 않을 것이다.

Lecture 3 ● 가정법 과거

가정법 과거는 현재의 사실에 반대되는 것을 가정 · 상상할 때 쓰며, 조건절의 동사는 과거동사(be동사일 때는 were)를 쓰고, 해석은 현재의 사실에 반대되는 것을 가정하기 때문에 현재시제로 해야 한다.

> **종속절** **If** + 주어 + 과거동사[be동사는 **were**] ~,
>
> **주 절** 주어 + [**could, might** / **would, should**] + 동사원형~.
>
> **해 석** 만일[만약] ~하다면[이라면], …할 텐데.

If I were rich, I could buy a car.

만일 내가 부자였더라면, 차를 살 수 있을 텐데.

If I were not poor, I would help you.

만일 내가 가난하지 않다면, 너를 도울 텐데.

> * 가정법 과거를 직설법으로 고칠 때는 현재시제를 쓰고, 긍정은 부정으로, 부정은 긍정으로 바꾼다.

Lecture 4 ● 가정법 과거완료

가정법 과거완료는 과거의 사실에 반대되는 것을 상상할 때 쓰며, 조건절의 동사는 과거완료가 쓰이지만, 해석은 과거의 사실에 반대되는 것을 가정하므로 과거시제로 한다.

종속절 **If** + 주어 + **had** + 과거분사 ~,

주 절 주어 + ⎡**could, might**⎤ **+have** + 과거분사~.
⎣**would, should**⎦

해 석 만일[만약] ~했더라면, …했을 텐데.

If he had studied harder, he could have passed the exam.

그가 더 열심히 공부했더라면, 시험에 통과할 수 있었을 텐데.

= **As he didn't study harder, he couldn't pass the exam**

그가 더 열심히 공부하지 않았기 때문에 그 시험에 통과하지 못했다.

If I had not been busy, I could have gone to the movies.

만일 내가 바쁘지 않았더라면, 나는 극장에 갈 수 있었을 텐데.

= **As I was busy, I could not go to the movies.**

나는 바빴기 때문에 극장에 갈 수 없었다.

* 가정법 과거완료를 직설법으로 바꿀 때는 과거시제를 쓰고, 긍정은 부정으로, 부정은 긍정으로 바꾼다.

Lecture 5 ● 가정법 미래

가정법 미래는 미래에 대한 강한 의심이나 실현 가능성이 없는 가정·가능성이 희박한 것에 사용되며, 조건절에는 should나 were to가 온다.

종속절	**If** + 주어 + $\begin{bmatrix} \textbf{should} \\ \textbf{were to} \end{bmatrix}$ + 동사원형 ~,
주 절	주어 + $\begin{bmatrix} \textbf{should [shall]} \\ \textbf{would [will]} \\ \textbf{could [can]} \\ \textbf{might [may]} \end{bmatrix}$ + 동사원형 ~
해 석	만일[만약] ~한다면, …할 것이다.

* ① 미래에 대한 강한 의심을 나타낼 때는 주어의 인칭에 관계없이 should를 쓴다. ② 실현가능성이 없거나 희박한 것에는 were to를 사용하며, were to가 올 때는 귀결절의 조동사는 과거형만이 올 수 있다.

If it should rain tomorrow, I would[will] not go there.

만일 내일 비가 온다면, 나는 그 곳에 가지 않겠다.

If I were to be born again, I would be a teacher.

만일 내가 다시 태어난다면, 나는 선생님이 될 것이다.

Lecture 6 ● 기타 가정법

1. I wish + 가정법

① I wish + 가정법 과거

'~하면 좋을 텐데'의 뜻으로 현재나 미래에 이룰 수 없는 소망을 나타낸다.

I wish I knew how to play the guitar.

내가 기타 치는 법을 알면 좋을 텐데.

= **I am sorry I don't know how to play the guitar.**

유감스럽게도 나는 기타 치는 법을 모른다.

② I wish + 가정법 과거완료

'~했으면 좋았을 텐데'의 뜻으로 과거에 이루지 못한 소망을 나타낸다.

I wish I had studied harder in my school days.

내가 학창 시절에 더 열심히 공부했더라면 좋았을 텐데.

= I am sorry I didn't study harder in my school days.

내가 학창 시절에 보다 열심히 공부하지 않은 것이 유감이다.

2. as if[as though] + 가정법

① **as if** + 가정법 과거

'마치 ~인 것처럼'의 뜻으로 주절의 시제와 같은 시제를 뜻한다.

He talks **as if** he knew everything.

그는 마치 모든 것을 아는 것처럼 말한다.

→ 주절의 시제가 현재이므로, 현재시제로 해석한다.

② **as if** + 가정법 과거완료

'마치 ~였던 것처럼'의 뜻으로 주절의 시제 보다 하나 앞선 시제를 뜻한다.

He looks **as if** he had been sick for a long time.

그는 마치 오랫동안 아파왔던 것처럼 보인다.

3. It is time + 가정법 과거

'~해야 할 시간이다'의 뜻으로 당연·필요를 나타내며, 과거동사, 〈should + 동사원형〉이나 'to부정사'를 쓰기도 한다.(It is time ~ = It is high time ~)

> **It is time** we went back home.
> 집에 돌아갈 시간이다.
> = **It is time** we should go back home.
> = **It is time** for us to go back home.

4. If의 생략

조건절을 이끄는 접속사 If가 생략되면 〈조동사[동사] + 주어 ~〉의 형태로 도치된다.

> * 여기서 도치라는 말은 〈주어 + 조동사[동사] ~〉의 형태가 〈조동사[동사] + 주어 ~〉의 어순으로 뒤바뀐다는 말이다.)

> **Were** I you, I would not do so.
> 만약 내가 너라면, 그렇게 하지 않았을 텐데.
> = **If** I were you, I would not do so.

→ 가정법 과거의 문장으로 were나 had는 그대로 앞에 위치하지만, 일반동사의 경우는 did를 문장 앞으로 내보낸다.

Had I tried harder, I could have succeeded.
〈가정법 과거완료〉

만일 내가 좀 더 노력했더라면, 나는 성공했을 텐데.

= **If** I had tried harder, I could ~.

Should it rain tomorrow, I should stay at home. 〈가정법 미래〉

만약 내일 비가 온다면, 나는 집에 있을 것이다.

= **If** it should rain tomorrow, I should ~.

5. If절의 대용

가정의 조건을 나타내는 방법으로 If절 이외의 다른 표현법을 사용할 수도 있다.

① 명사 또는 명사구

A wise man would not accept the proposal.
현명한 사람이라면, 그 제안을 받아들이지 않을 것이다.

= If he were a wise man, he would not accept the proposal.

② 전치사 또는 전치사구

But for your help, I could not do it.
만약 너의 도움이 없었더라면, 나는 그것을 하지 못했을 것이다.

= **If it were not for** your help, I could ~.
(but for = without(~이 없다면) 〈가정법 과거〉

But for wars, our history would have been changed.

전쟁이 없었더라면, 우리의 역사는 바뀌었을 것이다.

= **If it had not been for** wars, our history would have been changed.

③ unless (= if ~ not)

'만일 ~하지 않는다면'의 뜻으로 부정의 조건절을 이끈다.

You will fail **unless** you study hard.

만일 열심히 공부하지 않으면, 너는 실패할 것이다.

= You will fail **if** you **don't** study hard.

If she comes, I will go with her.
그녀가 오면 그녀와 같이 갈게요.

- **come** [kʌm] : 오다
- **with** [wið, wiθ] : ~와
- 가정법 현재 문장으로 현재나 미래의 불확실한 상황을 가정한다.

If I knew his number, I could call him.
내가 그의 전화번호를 알면 전화를 해볼 텐데.

- **knew** [njuː] : know '알다'의 과거형
- **call** [kɔːl] : 전화하다
- 가정법 과거 문장으로 현재 사실에 반대되는 것을 가정한다.

If I had bought a ticket yesterday, I could have saved some money.
내가 어제 티켓을 샀더라면, 돈을 좀 절약했을 텐데.

- **bought** [bɔːt] : buy '사다'의 과거형
- **ticket** [tíkit] : 티켓, 표
- **saved** [seivd] : save '절약하다'의 과거형
- 가정법 과거완료 문장으로 과거 사실에 반대되는 것을 가정한다.

If it should rain tomorrow, I'll call off my plan.
내일 혹시라도 비가 온다면 나는 계획을 취소하겠습니다.

- **call off** : 취소하다
- **plan** [plæn] : 계획
- 가정법 미래 문장으로 미래에 거의 있을 법 하지 않은 일을 가정한다.

부록 1

문법의 감각을 살리는
패턴 80

Are you ~?

당신은 ~입니까?

Are you ~?로 물으면 Yes, No.로 간단히 대답해도 된다. No.일 때는 I'm ~.(저는 ~입니다.)이라고 덧붙이는 것이 좋다.

ex **Are you Mr. Park?**
당신은 박 선생님입니까?

No, I'm Baek.
아니오. 저는 백입니다.

02

I'm from ~.

저는 ~에서 왔습니다.

Where are you from?(당신은 어디에서 왔습니까?)의 대답이 I'm from ~.이면 '~출신입니다.' 라는 의미가 된다. I'm from ~. 대신 I come from ~.을 써도 된다.

ex **I'm from Korea.**
저는 한국에서 왔습니다.

This is my ~.

이것은 제 ~입니다.

자신의 것은 자신의 것이라고 확실히 주장하는 것이 중요하다. 특히, 여행 등을 할 때 가방은 같은 형태, 같은 색이 많아서 혼동하기 쉬우므로 확실한 표시를 해두지 않으면 공항 등에서 찾을 때 고생한다. 자신의 가방이면 This is my suitcase.라고 확실히 말한다.

ex **This is my suitcase.**
이것은 제 가방입니다.

04 **I have ~.**
저는 ~을 가지고 있습니다.

Do you have ~?(~을 가지고 있습니까?) 또는 What do you have?(무엇을 가지고 있습니까?)라고 물으면 보통, I have ~.로 대답한다.

ex **I have a dictionary.**
저는 사전을 가지고 있습니다.

05 **I have ~.**
저는 ~이 있습니다.

have는 '가지고 있다'라는 의미 외에 여러 가지를 표현할 수 있다. 몸이 아플 때에도 have를 쓴다. '그는 ~, 그녀는 ~'인 경우는 He has ~, She has ~.가 된다.

ex **I have a fever.**
저는 열이 있습니다.

06 **I'll have ~.**
~를 먹겠습니다.

What would you have?(무엇을 드시겠습니까?)라고 식사 주문을 받으면, I'll have ~.라고 대답할 수 있다. I'll ~.은 I will ~.의 단축형이고, 회화에서는 단축형을 많이 쓴다.

또, He, She 등의 경우에는 He'll have ~.(= He will have ~.),
She'll have ~.(= She will have ~.)가 된다.

ex I'll have **a stake.**

저는 스테이크를 먹겠습니다.

07 Can I have ~?

~를 주시겠습니까?

Can I have ~?는 ~ please.보다 정중한 표현이다. can 대신
may(~해도 좋다)를 써도 같은 의미가 된다.

ex Can I have **some water?**

물을 주시겠습니까?

08 Do you have ~?

~를 가지고 있습니까?

ex Do you have **a computer?**

컴퓨터를 가지고 있습니까?

09 Do you have ~?

~는 있습니까?

Do you have ~?는 상대가 무엇인가를 가지고 있는지 묻는
표현이다. 쇼핑(shopping) 등을 할 때에도 원하는 물건이 어
디에 있는지 찾지 못할 경우 점원(clerk)에게 Do you have ~?
라고 물어보면 된다.

ex **Do you have any lipstick?**
립스틱은 있습니까?

10 Do you have ~?
~는 있습니까?

ex **Do you have any soft drinks?**
청량음료는 있습니까?

11 I am ~.
저는 ~입니다.

ex **I am thirsty.**
저는 목이 마릅니다.

12 I want ~.
~를 주세요.

want는 '~을 원하다'라는 의미이다. 무언가를 사고 싶을 때는 I want ~.라고 하면 된다. 정중히 말하려면 I'd like ~.라고 한다.

ex **I want a necklace.**
목걸이를 주세요.

13

I'd like ~.

~를 주십시오.

I'd like ~.은 I would like ~.의 단축형으로 '~를 주십시오.'
라는 의미이다. I would like[아이 우드 라익]으로 발음하지
말고 I'd like[아이들 라익]으로 발음한다.
I want ~.보다 정중한 표현이다.

ex I'd like **some change.**

잔돈을 주십시오.

I'd like ~.

~를 주십시오.

식당에서 음식 주문을 할 때 I'd like ~.라는 표현을 쓴다. 굴
프라이를 주문할 경우 I'd like some fried oysters.라고 해도
좋고 I'll have some fried oysters.(굴 프라이를 먹겠습니다.)
/ Give me some fried oysters, please.(굴 프라이를 주십시
오.)라고 해도 된다.

ex I'd like **some fried chicken.**

프라이드치킨을 주십시오.

15

I'd like to ~.

저는 ~하고 싶습니다.

'~하고 싶다'는 I'd like to ~.를 쓰면 된다. I'd like to ~.는 I
want to ~.보다 정중한 표현이다.

ex I'd like to **send these parcels to Korea.**

저는 이 소포를 한국으로 보내고 싶습니다.

16 I'd like to ~.

저는 ~하고 싶습니다.

ex I'd like to **make a call to Seoul, Korea.**
저는 한국, 서울로 전화하고 싶습니다.

17 I want to ~.

저는 ~하고 싶습니다.

'~하고 싶다'는 I'd like to ~.라고 한다. I want to ~.라고 해도 같은 의미이다. '그[그녀]는 ~하고 싶어한다.'는 He[She] wants to ~.로 want에 -s를 붙이는 것에 주의한다.

ex I want to **take a taxi.**
저는 택시를 타고 싶습니다.

18 I like ~.

저는 ~를 좋아합니다.

음식 등이 마음에 들면 확실하게 I like ~.라고 하는 것이 좋다. 좋아하지 않으면 I don't like ~.라고 한다. I don't like ~.라고 해도 상대에 대한 실례는 아니다.

ex I like **boiled eggs.**
저는 삶은 달걀을 좋아합니다.

I don't like ~.

저는 ~를 좋아하지 않습니다.

'좋아하지 않는다, 마음에 들지 않는다'는 I don't like ~.
라고 한다.

ex I don't like **bacon.**

저는 베이컨을 좋아하지 않습니다.

I don't ~.

저는 ~을 못합니다.

'영어를 못한다.'는 I don't speak English.이고,
I can't speak English.라고 하지 않는 것이 좋다. 조금이라도
할 수 있으면 I speak English a little.(영어는 조금 할 수 있습
니다.) I speak a little English.(영어는 조금 할 수 있습니다.)
라고 한다.

ex I don't **speak English.**

저는 영어를 못합니다.

21

Could you ~?

~해 주시겠습니까?

could는 can의 과거형으로 '할 수 있었다'라는 의미지만
Could you ~?가 되면 '~해주지 않겠습니까?'라고 정중하게
부탁하는 말이 되며 과거의 의미는 없다.

ex Could you **wait a minute, please?**

잠깐 기다려 주시겠습니까?

22 Could you ~ me …?

제게~해 주시겠습니까?

ex Could you **tell me the way to Carnegie Hall?**

카네기 홀로 가는 길을 가르쳐 주시겠습니까?

23 Could I have ~?

~를 주시겠습니까?

Can I have ~?보다 정중한 말이다.

ex Could I have **a road map?**

도로지도를 주시겠습니까?

24 Would you like ~?

~는 어떻습니까?

'~은 어떻습니까?'라는 정중한 어법이다. 레스토랑 등에서 웨이터가 손님에게 흔히 쓰는 표현이다. 이때에는 Yes, No 를 확실히 말하는 것이 좋다.

ex Would you like **a drink?**

음료는 어떻습니까?

25 Would you ~?

~해 주시겠습니까?

부탁이나 의뢰를 할 때 쓰는 표현이다. 식사 중에 다른 사람 앞에 있는 것을 집어달라고 할 때 Would you pass me ~?라고 말하고 가까이에 있는 사람에게 부탁한다.

ex Would you pass me the salt?
소금을 건네주시겠습니까?

26 Would you like to ~?

~하고 싶습니까?

'~하고 싶습니까? 라고 상대의 의향을 묻거나, '~하지 않겠습니까? 라고 상대에게 권유할 때의 정중한 말이다. 이처럼 물으면, Yes, I'd like to ~.(예, ~하고 싶습니다.)라고 대답하면 된다.

ex Would you like to see the London Bridge?
런던 브리지를 보고 싶습니까?

27 May I ~?

~해도 됩니까?

'~해도 됩니까? 라고 다른 사람에게 부탁할 때는 May I ~?라고 한다. 회화에서는 May I ~? 대신 Can I ~?를 사용하는 경우가 많다. 둘 다 같은 의미이다.

ex May I come in?
들어가도 됩니까?

28 May I ~?

~해도 됩니까?

상대방의 의향을 묻는 표현이다. May I close the window?(창문을 닫아도 됩니까?)의 반대는 May I open the window?이다. 열차나 버스 등의 창문을 여닫을 때에는 가까이에 있는 사람에게 물어보는 것이 예의이다.

ex **May I open this box?**

이 상자를 열어도 됩니까?

29 Can I ~?

~할 수 있습니까?

길을 모를 때는 Can I get to the airport by subway?(지하철로 공항에 갈 수 있습니까?)로 묻는다. 목욕을 하고 싶다면 Can I have a bath? (목욕할 수 있습니까?)라고 한다.

ex **Can I visit the museum tomorrow?**

내일 박물관을 방문할 수 있습니까?

30 I can't ~.

~할 수 없습니다.

한국인은 '~할 수 있다, ~할 수 없다'를 확실히 말하지 않는다. 일의 중대함이나 상대방의 감정을 고려해서 확실한 태도를 취하기 어려워 애매한 태도를 취하는 것 같다. 이런 점에서 외국인은 다르다. 그들은 자신의 태도를 확실히 한다.

ex **I can't find my suitcase.**

여행가방을 찾을 수 없습니다.

31 This is ~.

저는[이것은] ~입니다.

전화를 걸 때의 전형적인 표현이다. 전화를 건 사람이 여자일 때 자신의 신분을 밝히고 싶으면 거는 쪽에서 Miss 또는 Mrs.를 붙여서 말하는 것이 예의이다.

ex **This is Mrs. Johns speaking.**
저는 존스입니다. 〈전화에서〉

32 This ~ is ….

이 ~은 …입니다.

ex **This pie is delicious.**
이 파이는 맛있습니다.

33 Is this ~?

이것은 ~입니까?

ex **Is this tax-free?**
이것은 면세입니까?

34 Is this ~ …?

이 ~은 …입니까?

ex Is this **water drinkable?**

이 물은 마실 수 있습니까?

35 Is this ~?

이것은 ~입니까?

ex Is this **the right bus for Atlanta?**

이것은 애틀랜타 행 버스가 맞습니까?

36 Does this ~ …?

이 ~은 …합니까?

ex Does this **bus go to Central Station?**

이 버스는 센트럴 역에 갑니까?

37 Is it ~?

~입니까?

ex Is it **7 o'clock?**

7시입니까?

38 Is there ~?

~가 있습니까?

'~이 있습니까?'는 Is there ~?로 묻는다. 우체통을 찾기가 어려울 때에는 길을 가는 사람에게 Excuse me, but is there a mail box near here?(실례지만, 근처에 우체통이 있습니까?) 라고 물어본다.

ex Is there **a bus stop near here?**

이 근처에 버스 정류장이 있습니까?

39 Are there any ~?

~이 있습니까?

'~이 있습니까?'라고 물을 때, 묻고자 하는 것이 복수일 때 는 Are there any ~?를 쓴다. Is there ~?〈단수〉라고 할 수는 없다.

ex Are there any **boxes?**

특별석이 있습니까?

40 Is it ~ today?

오늘은 ~(요일)입니까?

무슨 요일인지 물을 때는 What day (of the week) is it today? ((오늘은) 무슨 요일입니까?)라고 물어보면 된다.

ex Is it **Tuesday** today?

오늘은 화요일입니까?

41 Is it ~ today?

오늘은 ~일입니까?

한국에서는 월일을 위주로 쓰지만, 유럽이나 미국에서는 요일을 주로 쓴다. 요일만으로 부족할 때 today(오늘)를 생략해서 월일을 물으면 된다.

ex **Is it June 23rd today?**

오늘은 6월 23일입니까?

42 It's a ~ day, isn't it?

~(날)이지요?

날씨를 화제로 인사를 시작하는 것도 괜찮다. 문장 뒤에 isn't it?을 붙이면 '~이지요?'라는 부드러운 표현이 된다.

ex **It's a fine day, isn't it?**

좋은 날씨죠?

43 It's a big ~.

~가 큽니다.

little에는 '작은'이라는 의미 이외에 '조금'이라는 의미가 있다.

ex **It's a little big around the bust.**

가슴둘레가 좀 큽니다.

44 # My room number is ~.

제 방 번호는 ~입니다.

번호를 읽을 때 room number 703 등은 seven hundred three 라고 하지 않고, seven-oh-three라고 한다. 전화번호도 같은 식으로 읽는다. 0는 zero라고 해도 되지만, 보통 oh라고 읽는다.

ex **My room number is 1203.**

제 방 번호는 1203입니다.

45 # ~ is[are] dirty.

~이 더럽습니다.

bathroom은 화장실(toilet)과 겸용이므로 다소 더러울 수도 있다. '~이 더럽다'라고 할 때는 ~is[are] dirty.라고 표현한다.

ex **The bathroom is dirty.**

욕실이 더럽습니다.

46 # I'm looking for ~.

~을 찾고 있습니다.

길을 물을 때 쓸 수 있는 표현이다. 약국을 모를 경우 길 가는 사람에게 Excuse me, but I'm looking for a drugstore. (실례지만, 약국을 찾고 있습니다.) 라고 물어본다. 상대방이 가르쳐 주는 것을 이해할 수 없다면 Please wait a minute. Will you draw a map here?(잠깐만 기다려 주십시오. 여기에 약도를 그려 주시겠어요?)라고 부탁한다.

ex **I'm looking for a drugstore.**

저는 약국을 찾고 있습니다.

47 There's no ~.

~가 없습니다.

호텔의 욕실(bathroom)에는 수건이 준비되어 있는 것이 보통이지만, 보이지 않는 경우가 있다. 이럴 때에는 프론트에 There's no towels.라고 전화하면 가져다준다.

ex **There's no towel.**

수건이 없습니다.

48 Show me ~.

~해 주십시오.

Show me that, please.(저것을 보여 주십시오.)는 편리한 어법이다. 물건의 이름을 몰라도 사용할 수 있다.

ex **Show me that, please.**

저것을 보여 주십시오.

49 Let's ~.

~합시다.

상대방에게 '~합시다'라고 권하는 표현은 Let's ~.를 쓴다. Let's ~라고 권유받았을 때 좋으면 Yes, let's.(예, 그럽시다.) 싫으면 No.라고 한다.

ex **Let's sing together.**

함께 노래합시다.

50 It's too ~.

너무 ~합니다.

여기에서의 too ~는 '지나치게 ~'라는 의미이다. too는 또한 '~역시'라는 의미도 있다.

ex It's too **expensive for me.**

너무 비쌉니다.

51 Will you ~?

~하시겠습니까?

'~해주시겠습니까?'라고 상대의 의향을 묻는 표현은 Will you ~?이다. 좀 더 정중하게 표현하려면 Would you ~?라고 하거나 뒤에 please를 덧붙인다.

ex Will you **try it on?**

이것을 입어보시겠습니까?

52 Won't you ~?

~하지 않겠습니까?

'~하지 않겠습니까?'라고 상대방에게 권유할 때의 표현이다. Won't you join us? (우리와 함께 하지 않겠습니까?) 이처럼 권유받으면 Yes, thank you.(예, 감사합니다.)로 인사한다.

ⓔⓧ **Won't you join us?**

우리와 합류하지 않겠습니까?

53 Do you like ~?

~를 좋아합니까?

여행 중에 옆 사람과 대화를 해보자. 버스나 열차 안에서 옆에 앉은 외국인에게 Do you like Korean food?(한국요리 좋아합니까?)라고 물어보자.

ⓔⓧ **Do you like Korean food?**

한국요리 좋아합니까?

54 Don't you like ~?

~를 좋아하지 않습니까?

부정문으로 물으면 Yes와 No를 의외로 혼동하는 사람이 많다. 우리말이 '아뇨, (좋아합니다)'라고 해서 No.라고 대답하면 '~을 싫어합니다.'가 된다. 좋아한다면 반드시 Yes.라고 대답해야 한다.

즉, 영어에서는 질문의 형태에 상관없이 자신의 대답이 긍정인 경우는 Yes, 부정인 경우는 No이다.

ⓔⓧ **Don't you like Kimchi?**

김치를 좋아하지 않습니까?

55 Do you think ~?

~라고 생각합니까?

상대방에게 의견을 구할 때는 Do you think ~?라는 표현을 쓴다. 미국인은 collection(수집)광들이 많아서 쓸데없다고 생각되는 물건도 즐겨 모은다. 그럴 때, Do you think this is interesting?(그것이 재미있다고 생각합니까?) 등으로 말할 수 있다.

ex Do you think **this blouse suits me?**

이 블라우스가 저에게 어울린다고 생각합니까?

56 Do I have to ~?

~해야 합니까?

have to ~는 must ~와 같이 '~해야한다'라는 의미이다.

ex Do I have to **declare everything?**

모든 걸 신고해야 합니까?

57 Who is ~?

~은 누구입니까?

이름이나 신분을 알고 싶을 때는 Who is ~?라는 표현을 쓴다. who is는 줄여서 who's라고 쓰기도 한다. whose(누구의)와 발음이 같으므로 잘 구분해서 들어야 한다.

ex Who is **that man?**

저 남자는 누구입니까?

58 Who ~?

누구를[누구에게] ~합니까?

이때의 who는 '누구를, 누구에게'라는 의미이다. 문법상 whom을 써야 하지만, 회화에서는 who를 쓰는 것이 보통이다.

ex **Who** are you calling?

누굴 찾습니까? 〈전화에서〉

59 Whose ~ is that?

저것은 누구의 ~입니까?

ex **Whose** monument is that?

저것은 누구의 기념비입니까?

60 What is ~?

~은 무엇입니까?

ex **What is** that building?

저 건물은 무엇입니까?

61 What will you ~?

무엇을 ~하겠습니까?

ex **What will you** have?

무엇을 드시겠습니까?

62 What ~ would you like?

어떤 ~이 좋겠습니까?

ex **What dress would you like?**

어떤 드레스가 좋겠습니까?

63 What time ~?

몇 시에 ~합니까?

시간을 묻는 표현이다. '몇 시에 가게를 닫습니까?'라고 할
때에는 What time do you close?라고 물어볼 수 있다. 이때
의 you는 '당신은'이라는 의미가 아니라 '당신들은'이라는
의미로, '가게를 경영하고 있는 사람들'을 가리킨다.

ex **What time does this bus arrive in
Chicago?**

이 버스는 시카고에 몇 시에 도착합니까?

64 What did you ~?

무엇을 ~했습니까?

호텔 방에 key를 두고 나와서 프론트에서 머뭇머뭇하고 있
으면 What did you do?(무슨 일입니까?)라고 묻는다.

ex **What did you do?**

무슨 일입니까?

65 When can I ~?

언제 ~할 수 있습니까?

사람을 방문할 때는 반드시 상대방의 형편을 물어 보는 것이 좋다. 그때의 표현이 When can I come?(When can I go? 라고는 하지 않는다.) when 대신에 what time(몇 시에)을 써도 좋지만, when을 폭넓게 쓸 수 있다.

ex When can I come?

언제 방문하면 좋겠습니까?

66 When does ~ …?

언제 ~은 …합니까?

ex When does the game start?

언제 경기가 시작합니까?

67 When are you ~?

언제 ~할 겁니까?

are you going to ~는 will you ~와 같다. Are you going to go to Charleston?(찰스톤에 갈 예정입니까?)은 Will you go to Charleston?과 같은 표현이다.

ex When are you going to leave?

언제 출발할 겁니까?

68 Which will you have ~?

~중 어느 것으로 하겠습니까?

'어느 쪽'을 선택하겠냐고 물을 때에는 which를 쓴다. 대답은 '아무거나 좋아요.'라고 하지 말고 확실하게 원하는 것을 말하는 것이 좋다.

ex Which will you have, **tea or coffee?**

홍차와 커피 중 어느 것으로 하겠습니까?

69 Which do you like better, ~?

~중 어느 것을 더 좋아합니까?

Which do you like better, meat or fish?(고기와 생선 중에 어느 것을 더 좋아합니까?)라고 물을 때 고기를 더 좋아하면 I like meat better.(고기를 더 좋아합니다.)라고 말한다. I like better meat.이라고 하지 않도록 주의한다.

ex Which do you like better, **meat or fish?**

고기와 생선 중 어느 것을 더 좋아합니까?

70 Which is ~ …?

…은 어느 ~입니까?

지도를 가지고 있어도 목적지로 가는 길을 모를 수 있다. 목적지가 지도에 나와 있으면, 그 건물이나 장소를 가리키며 Which direction is ~?라고 물어본다. 그러면, This direction.(이 방향입니다.)이라고 방향을 가르쳐 준다. Where am I according to this map?(이 지도에서 여기는 어디입니까?)이라든가 Here I am.(여기지요.)이라고 현재 위치를 지도에서 확인해 두면 대강 그 부근에 갈 수 있다.

ex **Which way is the coast?**
해안은 어느 쪽 길입니까?

71 **Which ~ are you going to (…)?**
어느 ~에 …할 겁니까?

ex **Which part of London are you going to?**
런던의 어디로 갈 겁니까?

72 **Which ~ do I take …?**
어느 ~를 타면 됩니까?

출발역에는 1번선, 2번선 처럼 몇 개의 track(선로)이 있어서 어디서 타야 하는지 모를 수 있다. 이럴 때에는 Which train do I take for ~?라고 물어보면 Track 7. (7번선입니다.)이라고 가르쳐 준다. 숫자 대신에 A, B, C 등을 쓰는 곳도 있다.

ex **Which train do I take for New York?**
뉴욕에 가려면 어느 열차를 타면 됩니까?

73 **Where's ~?**
~은 어디에 있습니까?

where's는 where is의 단축형이다. 위치를 물어볼 때 쓴다.

ex **Where's the tourist information office?**
관광안내소는 어디에 있습니까?

74 Where can I ~?

어디에서 ~할 수 있습니까?

ex Where can I **sit**?

어디에 앉을 수 있습니까?

75 Where are you -ing?

어디에서 ~하고 있습니까?

ex Where are you **calling** from?

어디에서 전화를 걸고 있습니까?

76 How can I ~?

어떻게 ~할 수 있습니까?

How can I get there? 이 질문에 대한 대답은, 거리가 가까우면 It's only a ten minute's walk.(걸어서 10분 거리입니다.) 멀면 Take a taxi[bus or streetcar].(택시[버스 또는 시내전차]를 타세요.) 등으로 답한다.

ex How can I **get there**?

어떻게 거기에 갈 수 있습니까?

77 How long ~?

얼마나 ~입니까?

how long은 '길이, 기간' 등을 물을 때 쓴다.

ex **How long are you staying?**

얼마나 체재합니까?

78 How much ~?

얼마나 ~하겠습니까?

how much는 '값'을 물을 때 사용한다. How much?만으로도
충분하다.

ex **How much is the fare?**

요금은 얼마입니까?

79 How many ~ …?

얼마나 ~하겠습니까?

수량을 물을 때 사용한다.

ex **How many bottles could I buy for 100
dollars?**

100달러로 몇 병을 살 수 있습니까?

How ~?

얼마나 ~입니까?

How does it feel?(어떻습니까?) 이것은 '어떤 느낌입니까?' 라는 의미로 옷 등을 입어 보았을 때 듣게 되는 말이다. 좋으면 It fits perfectly.(잘 맞습니다.)로, 잘 맞지 않거나 마음에 들지 않는다면 It's a little tight around here.(여기가 좀 낍니다.) 등으로 대답하다.

ex **How does it feel?**

어떻습니까?

부록 2

불규칙동사 변화표
형용사·부사 변화표
구두법

○ 불규칙동사 변화표

규칙동사는 무수히 많지만 불규칙동사는 한정되어 있다. 여기에 나와 있는 불규칙동사는 기본적으로 꼭 알고 있어야 할 필수적인 것들이다. 동사의 3단 변화를 잘 알고 있어야 동사의 시제는 물론 수동태, 가정법, 화법 등에서 동사를 마음껏 활용할 수 있다.

원형	현재형	과거형	과거분사형	현재분사형
be	am, are, is	was, were	been	being
become	become(s)	became	become	becoming
bring	bring(s)	brought	brought	bringing
buy	buy(s)	bought	bought	buying
catch	catch(es)	caught	caught	catching
come	come(s)	came	come	coming
do	do, does	did	done	doing
draw	draw(s)	drew	drawn	drawing
drink	drink(s)	drank	drunk	drinking
eat	eat(s)	ate	eaten	eating
feel	feel(s)	felt	felt	feeling
fly	fly, flies	flew	flown	flying
get	get(s)	got	got, gotten	getting
give	give(s)	gave	given	giving

원형	현재형	과거형	과거분사형	현재분사형
go	go(es)	went	gone	going
have	have, has	had	had	having
hear	hear(s)	heard	heard	hearing
hide	hide(s)	hid	hid, hidden	hiding
hold	hold(s)	held	held	holding
keep	keep(s)	kept	kept	keeping
know	know(s)	knew	known	knowing
leave	leave(s)	left	left	leaving
make	make(s)	made	made	making
mean	mean(s)	meant	meant	meaning
meet	meet(s)	met	met	meeting
put	put(s)	put	put	putting
read	read(s)	read	read	reading
ride	ride(s)	rode	ridden	riding
run	run(s)	ran	run	running
say	say(s)	said	said	saying
see	see(s)	saw	seen	seeing
show	show(s)	showed	showed, shown	showing
sing	sing(s)	sang	sung	singing
sit	sit(s)	sat	sat	sitting
sleep	sleep(s)	slept	slept	sleeping

원형	현재형	과거형	과거분사형	현재분사형
speak	speak(s)	spoke	spoken	speaking
stand	stand(s)	stood	stood	standing
swim	swim(s)	swam	swung	swimming
take	take(s)	took	taken	taking
teach	teach(es)	taught	taught	teaching
tell	tell(s)	told	told	telling
think	think(s)	thought	thought	thinking
wake	wake(s)	woke	woken	waking
write	write(s)	wrote	written	writing

○ 형용사 · 부사 변화표

1. 규칙변화

① **-er, -est**를 붙인다.

원급	비교급	최상급
clean	cleaner	cleanest
cold	colder	coldest
cool	cooler	coolest
dark	darker	darkest
fast	faster	fastest
few	fewer	fewest
great	greater	greatest

원급	비교급	최상급
hard	harder	hardest
high	higher	highest
kind	kinder	kindest
long	longer	longest
loud	louder	loudest
near	nearer	nearest
old	older	oldest
poor	poorer	poorest
rich	richer	richest
short	shorter	shortest
small	smaller	smallest
soon	sooner	soonest
strong	stronger	strongest
tall	taller	tallest
warm	warmer	warmest
young	younger	youngest

② -r, -st를 붙인다.

원급	비교급	최상급
fine	finer	finest
large	larger	largest
strange	stranger	strangest

③ 어미 y를 -i로 고치고 -er, -est를 붙인다.

원급	비교급	최상급
busy	busier	busiest
happy	happier	happiest
pretty	prettier	prettiest

④ 어미 자음을 중복하고 -er, -est를 붙인다.

원급	비교급	최상급
big	bigger	biggest
hot	hotter	hottest
sad	sadder	saddest

⑤ more, most를 붙인다.

원급	비교급	최상급
beautiful	more beautiful	most beautiful
important	more important	most important
interesting	more interesting	most interesting
wonderful	more wonderful	most wonderful

2. 불규칙변화

원급	비교급	최상급
bad	worse	worst
good / well	better	best
many / much	more	most

○ 구두법

글을 쓸 때 여러 가지 부호의 용법을 **구두법**이라 하고 피리어드, 콤마 등의 부호를 **구두점**이라고 한다.

① **종지부** (period) [.]

· 평서문이나 명령문의 문장 끝에 찍는다.

I am a student. 나는 학생입니다.
Stand up. 일어나라.

· 달러와 센트 사이에 쓴다.

$25.32 25달러 32센트

· 생략된 낱말에 찍는다.

C.E.O. (Chief Executive Officer) 최고경영자
a.m. (ante meridiem) 오전

② **콤마** (comma) [,]

· 문장의 구성 요소의 단락을 나타낸다.

I like pizza, hamburger, and sandwich.
나는 피자, 햄버거, 샌드위치를 좋아합니다.

- 숫자에 쓰인다.

  3,243,547

③ **콜론** (colon) [:]

'즉'이라는 뜻으로 쓰인다.

These are the main imports: iron and copper.
이것이 주요 수입품입니다: 철과 구리.

④ **세미콜론** (semicolon) [;]

등위절과 등위절 사이처럼 콤마의 경우보다 큰 단위의 단락에 쓰인다.

The man's neck is long; his hair is longer.
그 남자의 목은 깁니다; 머리카락은 더 깁니다.

⑤ **대시** (dash) [—]

문장을 도중에 일시 중지할 경우에 쓴다.

Go home — they're waiting for you.
집으로 가세요 - 그들이 당신을 기다리고 있어요.

⑥ **하이픈** (hyphen) [-]

주로 복합어에 쓰인다.

touch-me-out 봉선화